Bibliothèque générale des Sciences sociales

# L'Education Morale

## dans l'Université

### Enseignement Secondaire

PARIS FÉLIX ALCAN, 1901

# L'ÉDUCATION MORALE
## DANS L'UNIVERSITÉ

# L'ÉDUCATION MORALE

## DANS L'UNIVERSITÉ

### (ENSEIGNEMENT SECONDAIRE)

CONFÉRENCES ET DISCUSSIONS

PRÉSIDÉES PAR

**M. ALFRED CROISET**

Membre de l'Institut,
Doyen de la Faculté des lettres de l'Université de Paris.

———

*(École des Hautes Études sociales, 1900-1901)*

———

PARIS

FELIX ALCAN, ÉDITEUR

ANCIENNE LIBRAIRIE GERMER BAILLIÈRE ET Cⁱᵉ

108, BOULEVARD SAINT-GERMAIN, 108

—

1901

# AVANT-PROPOS

On répète souvent que l'Université sait enseigner, mais qu'elle est incapable de donner l'éducation. Des écrivains universitaires, dans leur zèle pour améliorer nos lycées, en ont dit les défauts avec tant de courageuse sincérité que le public les a pris au mot, et que cette manière de voir a conquis, pour ainsi dire, l'autorité de la chose jugée, aux yeux des adversaires d'abord, ensuite aux yeux mêmes des juges non prévenus. Quelques professeurs ont pensé que la question méritait un examen plus approfondi. Ils résolurent de tenir des réunions où ils convoqueraient leurs collègues, et où l'on rechercherait en toute sincérité, dans un esprit vraiment scientifique, d'abord si le mal existe, et, au cas où il existerait réellement, quels remèdes on peut y apporter. Un programme arrêté d'avance avait déterminé la nature précise et l'ordre des questions à étudier. Chaque question faisait l'objet d'une conférence, qui était suivie d'une libre discussion entre tous les assistants. Certaines de ces discussions ont duré deux séances. La première réunion eut lieu en novembre, la dernière en mars.

L'intention primitive des organisateurs et des promiers adhérents avait été simplement de s'éclairer les uns les autres par un échange cordial d'idées. Pour en garder le souvenir, des notes avaient été prises par quelques-uns des assistants. A mesure que les discussions se déroulèrent, l'intérêt en parut plus vif. Des conversations les signalèrent à des collègues absents, qui s'y intéressèrent à leur tour. On fut ainsi amené à croire qu'il pouvait être utile d'en publier un compte rendu, de manière à faire connaître à un plus grand nombre de professeurs et au public les sentiments qui semblaient dominer dans le personnel universitaire sur un sujet d'importance capitale. On voudra bien permettre à un témoin très assidu de ces réunions, en présentant ce compte rendu au public, d'indiquer quelques-unes des impressions qu'il en a retirées.

Et d'abord, n'est-ce pas un fait remarquable que l'empressement de tant d'hommes fort occupés, et fort ennemis des vains discours, à prendre de nombreuses heures sur leurs rares loisirs pour venir étudier ensemble le problème proposé à leurs réflexions? Administrateurs, professeurs, maîtres répétiteurs se rencontraient à ces réunions, tour à tour écoutant ou prenant la parole. Pendant quatre mois, l'empressement des adhérents n'a jamais faibli. Quelle meilleure preuve que l'Université, quoi qu'on en dise, loin d'être indifférente à l'éducation, s'en préoccupe avec ardeur et qu'elle comprend toute l'étendue de son devoir à cet égard? Et quelle meilleure garantie que cette éducation sera réellement donnée? Car, en pareille matière, si les solutions théoriques ont leur importance, qui ne voit que la première condition du succès n'est pas tant dans l'application de telle ou telle règle que dans la bonne volonté unanime des collaborateurs, dans leur souci constant de pénétrer toutes leurs paroles et tous leurs actes des idées et des sentiments qui font qu'on agit sur les âmes? La première leçon de morale, et la plus efficace, qu'un maître puisse donner à ses élèves, c'est son propre exemple ; c'est le sérieux de sa vie et de sa pensée; c'est l'action lente, mais d'autant plus sûre, qu'exerce sur un jeune auditoire le contact d'une nature morale élevée, créant autour d'elle son atmosphère propre, dans laquelle germent naturellement les bons instincts. Ayez des maîtres vraiment dignes de ce nom, et, quoi qu'ils disent, quoi qu'ils fassent, il y aura en eux une vertu qui se communiquera ; ils exerceront cette influence mystérieuse qui est le don particulier des véritables éducateurs. Or, dans l'Université, ces maîtres-là sont légion. J'ose dire que, s'il avait été nécessaire d'en fournir une nouvelle preuve, cette preuve eût été donnée par l'intérêt vraiment passionné avec lequel tant de maîtres des lycées de Paris se sont associés à la recherche ainsi poursuivie.

Un autre point non moins remarquable, c'est l'esprit qui a constamment animé ces discussions. Comme il était naturel et nécessaire, des nuances d'opinions se sont manifestées dans ces échanges de vues. Les professeurs de l'Université, en entrant dans ce grand corps, n'abdiquent pas leur personnalité. Ils restent eux-mêmes, et c'est encore là un bon exemple qu'ils donnent à leurs élèves. Chacun d'eux tient à honneur de préserver la liberté de sa pensée et de sa conscience. Ils peuvent donc différer d'avis sur des points de grande importance. Quelques-unes de ces divergences n'ont pas manqué de se produire. Elles ont eu ce grand avantage de mettre en lumière l'esprit de tolérance et d'incoercible libéralisme qui est, lui aussi, l'un des mérites essentiels de l'Université. Les discussions, même vives, sont toujours restées empreintes de cette courtoisie cordiale qui vient, non d'un dilettantisme sceptique, mais d'un respect sincère pour toutes les hautes convictions, et de la certitude que, pour d'honnêtes gens éclairés, il se trouve toujours un terrain d'entente où tous puissent se rencontrer sans s'amoindrir. Le même libéralisme s'est manifesté dans les doctrines. Il a été dit à maintes reprises et senti profondément par tous que l'Université se devait à elle-même de respecter, dans l'âme de ses élèves, les convictions des familles; que le lycée était comme une petite patrie où tous, catholiques, protestants, juifs, libres penseurs, devaient pouvoir vivre en paix et se sentir chez eux, vraiment concitoyens d'une même république intellectuelle et morale: que la morale universitaire, obligée de n'être ni confessionnelle ni animée d'un étroit esprit de parti, devait être humaine et largement civique: que le rôle du maître, dans ces conditions, était de chercher non ce qui divise, mais ce qui unit.

Beau rêve, diront les fanatiques de toute couleur, mais rêve irréalisable : car votre morale, ainsi détachée de toute affirmation dogmatique, perd du même coup ses points d'appui et reste en l'air. Cette objection est bien connue: elle est spécieuse, et beaucoup de personnes en sont touchées. Qu'on me permette d'en dire franchement mon avis. Je crois qu'elle provient en grande partie d'une illusion.

Dans toute doctrine morale, il y a d'abord deux choses fort distinctes : l'idéal pratique ou la règle de vie, et les principes qui servent à fonder cette règle. Sur les principes, les doctrines diffèrent; sur l'idéal pratique, elles sont en général très voisines les unes des

autres à une même époque, parce que cet idéal résulte
pour une forte part du mouvement général de la civilisation et des besoins instinctifs de la société. Toute
grande doctrine apporte au monde une idée ou un sentiment qui est un motif puissant d'action, d'abord nouveau et original, mais qui devient peu à peu comme
le patrimoine commun de l'humanité, et qui se glisse,
à l'insu même des dogmatiques, dans les systèmes auxquels il était d'abord étranger. De telle sorte qu'en
réalité, sur une fou'e de points essentiels, tous les
hommes d'une même époque, quels que soient leurs
systèmes théoriques, pensent à peu près de même. Ils
se disputent sur un certain nombre d'abstractions ; mais,
au fond, ils sont plus semblables les uns aux autres
qu'ils ne le croient eux-mêmes, et ils s'unissent à peu
près dans une même conception concrète de la vie.
Ajoutons que, dans la pratique, ce qui fait qu'on vit
bien ou mal, c'est beaucoup moins la nature des principes auxquels on rattache théoriquement ses actions
(chose à laquelle peu d'hommes songent ordinairement), que les habitudes acquises, les tendances dé-
veloppées, les sentiments et les idées auxquels on
demande conseil, et qui sont, bien plus que les systèmes proprement dits, les causes immédiates et réellement déterminantes de l'action. Or ces habitudes, ces
sentiments, ces idées directrices peuvent être fort semblables chez des hommes qui les rattachent, en théorie,
à des principes différents. On peut être juif ou chrétien,
et avoir ou n'avoir pas l'habitude d'agir selon sa conscience, de se respecter soi-même, d'aimer ses proches,
de chercher le bien de ses semblables. Les principes
métaphysiques habitent, pour ainsi dire, une région
supérieure d'où ils ne descendent que rarement dans le

domaine de l'action. En matière d'éducation, l'influence n'appartient donc pas seulement à ceux qui établissent, au point de vue théorique, les fondements derniers de la morale. Elle appartient tout autant à ceux qui développent les motifs immédiats d'action, et ces motifs, en fait, n'ont le plus souvent rien de métaphysique.

Il n'est donc pas vrai qu'une morale pratique fondée sur ces motifs soit une morale en l'air. Ce sera, au contraire, une morale très solide, très persuasive, très efficace, et d'ailleurs très libérale; car elle n'exclura aucun des systèmes métaphysiques; elle acceptera même volontiers leur concours, mais ne s'y asservira pas. Elle laissera aux familles, aux ministres des confessions différentes, le soin de rechercher les principes et de les établir; et, quant à elle, sans entrer jamais en conflit avec les doctrines, elle se tiendra fermement sur le terrain solide de l'action, où elle trouvera beaucoup de bien à accomplir. Libre à chacun de couronner à sa guise l'édifice de la morale. Mais la première chose à faire, c'est de jeter dans les jeunes âmes les germes de toute vie morale, en y créant des habitudes sérieuses, droites, consciencieuses. Tel peut et doit être le rôle de l'éducation au lycée. Sans disputer sur les systèmes, un bon proviseur, de bons maîtres peuvent rappeler aux enfants le détail de leurs devoirs, sur lesquels tout le monde est d'accord. Ils peuvent aussi, chose plus importante, développer en eux l'habitude d'agir en interrogeant leur conscience. Ils peuvent déposer, dans ces jeunes consciences, des motifs d'agir très féconds et universellement acceptés : le respect de soi-même (qui était, pour un Épictète, un souverain motif de faire le bien); le désir de plaire à leurs parents et à leurs maîtres, si puissant sur des âmes affectueuses et bien nées; le sentiment du bien public, qui ne peut choquer aucune croyance particulière, et qui est si conforme à l'idéal nécessaire de nos sociétés modernes et républicaines. Les exercices mêmes par lesquels se forme l'intelligence ont une vertu éducative qui leur est propre. Ils créent des habitudes de sérieux, d'attention, de régularité dans le travail, qui sont déjà des vertus morales. Ils font plus encore : en donnant à la raison le pouvoir et le goût de comprendre, en lui apprenant à ne pas se payer de mots, à fuir l'à-peu-près, à être sincère envers elle-même, ils lui enseignent la probité intellectuelle, qui est à coup sûr un des fondements essentiels de la vie morale en même temps que la première condition des progrès de la pensée.

Qui oserait dire que l'Université, imbue de ces maximes et les faisant pénétrer de plus en plus dans sa pratique journalière, ne donnera pas aux jeunes générations une très haute éducation morale, la plus capable de faire d'honnêtes gens de ce temps-ci, des consciences fermes, libres et tolérantes? Telle est, si je ne me trompe, l'opinion des hommes expérimentés et réfléchis qui ont pris part aux discussions dont on va lire le résumé. Telle sera aussi, je l'espère, l'impression qui se dégagera de ces pages aux yeux des lecteurs attentifs et impartiaux.

Alfred CROISET.

Les séances de l'enquête sur l'*Éducation morale dans l'Université* (*enseignement secondaire*) ont été présidées par M. Alfred CROISET, membre de l'Institut, doyen de la Faculté des Lettres de l'Université de Paris.

MM. Marcel BERNÈS et MALAPERT ont bien voulu prendre des notes et les rédiger.

Les personnes qui ont pris part aux discussions sont, par ordre alphabétique :

MM.

BECKER, professeur de seconde au lycée Charlemagne.

BELOT, professeur de philosophie au lycée Louis-le-Grand.

BERNÈS (Henri), professeur de rhétorique supérieure au lycée Lakanal.

BERNÈS (Marcel), professeur de philosophie au lycée Louis-le-Grand.

BIOCHE, professeur de mathématiques au lycée Louis-le-Grand.

BILLAZ, professeur de lettres au lycée Buffon.

BOITEL, directeur de l'école Turgot.

BOUDHORS (Ch.-H.), professeur de seconde au lycée Henri IV.

BOUILHAC, répétiteur général au lycée Louis-le-Grand.

CAHEN, professeur de rhétorique supérieure au lycée Louis-le-Grand.

CLAIRIN, professeur de cinquième au lycée Montaigne.

COLOMB (G.), sous-directeur du laboratoire de botanique de la Sorbonne.

CROISET (Alfred), doyen de la Faculté des lettres de l'Université de Paris.

DARLU, inspecteur général de l'Instruction publique.

DELAPIERRE, professeur de sixième au lycée Carnot.

FALLEX (M.), professeur d'histoire au lycée Carnot.

FLOT, professeur de septième au lycée Charlemagne.

GAUTIER (Jules), inspecteur de l'Académie de Paris.

GIDEL (Philippe), professeur d'histoire au lycée Saint-Louis.

HAUSER, professeur d'histoire à la Faculté des lettres de l'Université de Clermont-Ferrand.

KORTZ, proviseur du lycée Montaigne.

LALANDE, professeur de philosophie au lycée Michelet.

LECOMTE, professeur de sciences naturelles au lycée Saint-Louis.

LÉVY-BRUHL, maître de conférences de philosophie à la Faculté des lettres de l'Université de Paris.

MALAPERT, professeur de philosophie au lycée Louis-le-Grand.

MALDIDIER, professeur de lettres au lycée Montaigne.

MALET, professeur d'histoire au lycée Voltaire.

PICARD, professeur de rhétorique au collège Rollin.

RABAUD, professeur de seconde au lycée Charlemagne.

RABIER, directeur de l'enseignement secondaire au ministère de l'Instruction publique.

ROCAFORT, professeur de lettres au lycée Saint-Louis.

STROWSKI, professeur de cinquième au lycée Lakanal.

THOMAS, professeur de philosophie au lycée Hoche (Versailles).

WEILL (G.), professeur d'histoire au lycée Carnot.

# L'ÉDUCATION MORALE
## DANS L'UNIVERSITÉ
### (ENSEIGNEMENT SECONDAIRE)

---

# I

Séance du 15 novembre 1900.

## TRADITIONS ET TENDANCES DE L'UNIVERSITÉ

Exposé fait par
## M. Lévy-Bruhl
Maître de Conférences à la Faculté des Lettres de
l'Université de Paris.

Si j'ai l'honneur de prendre la parole aujourd'hui devant vous, je le dois à l'absence de l'orateur désigné, et à l'extrême bienveillance du conseil de l'École qui m'a désigné pour le suppléer. M. Thamin devait traiter devant vous le sujet annoncé pour la réunion d'aujourd'hui. Il l'aurait fait avec le grand talent que vous connaissez, avec une expérience consommée des questions pédagogiques. Nommé recteur de l'Académie de Rennes, il est retenu loin de Paris par ses fonctions. Vous pardonnerez, je l'espère, à l'insuffisance de celui qui le remplace, en considération de sa bonne volonté. Au surplus, ceci ne sera pas une conférence, mais un exposé très bref, touchant un point de fait.

Quelle est la tradition de l'Université, en matière d'éducation morale, dans nos établissements d'instruction secondaire ? — Pour donner à cette question une réponse précise et assez complète, il ne faudrait pas moins qu'une enquête approfondie, portant sur un grand nombre de lycées et de collèges de Paris et de la province, près des maîtres qui y ont donné l'enseignement, près des élèves qui l'y ont reçu. Cette enquête s'est faite ailleurs, du moins en partie. Je n'ai pu songer à l'entreprendre à mon tour, ne disposant ni du temps, ni des ressources qui seraient nécessaires. Je me bornerai donc à vous exposer brièvement quelle me paraît être la tradition universitaire en matière d'éducation morale, d'après mon expérience personnelle. A défaut d'une étude d'ensemble, ce sera un document, ou, plus simplement, un témoignage pour servir aux discussions qui doivent avoir lieu ici. Chacun pourra comparer sa propre expérience à la mienne, et dire jusqu'à quel point, selon lui, l'esquisse que j'aurai tracée correspond à la réalité moyenne ou s'en écarte.

Mon expérience porte sur une période relativement longue. Pendant dix ans j'ai appartenu comme élève à un lycée d'externes de Paris. Pendant vingt ans, ensuite, je me suis efforcé, comme professeur, d'imiter les maîtres dont j'avais gardé le meilleur souvenir, et de continuer leur tradition dans la mesure de mes forces. J'ai vu bien des générations d'élèves se succéder sur les bancs de ma classe; j'ai vu d'assez près un grand nombre de mes collègues, dans les différents ordres d'enseignement, pour me faire une idée précise de leurs tendances et de leurs méthodes habituelles. Ce que j'ai observé ainsi, tous les universitaires de ma génération ont pu l'observer comme moi, et je ne crois pas téméraire de le présenter comme une expression approximative de la réalité des choses.

Eh bien ! si je cherche dans mes souvenirs de lycéen, (qui sont restés très vifs), quel enseignement moral proprement dit mes camarades et moi nous avons reçu de nos maîtres, je constate, après mûre réflexion, qu'ils ne nous en ont donné aucun. — Aucun *enseignement* moral, dis-je, et non pas aucune *éducation* morale : ce sont deux points qu'il ne faut pas confondre. Sans doute, le professeur de philosophie nous fit des leçons de morale, comme le programme du cours l'y invitait. Mais il les fit d'un point de vue strictement philosophique, et dans le même esprit que les leçons de logique ou de psychologie : aussi préoccupé, semblait-il, des difficultés théoriques qui enveloppent les principes de la morale, que des applications pratiques où elle aboutit. Plus tard, quand j'ai dû entreprendre à mon tour l'enseignement philosophique de la morale, j'ai compris la portée du mot de Schopenhauer : « Il est facile de prêcher la morale : il est difficile de la fonder. » Il est juste d'ajouter que cette partie du cours, et surtout la morale sociale, intéressait particulièrement les élèves.

Hors de la classe de philosophie, je n'ai pas souvenir que jamais un de nos professeurs de lettres ou d'histoire nous ait donné une leçon de morale proprement dite. Ils s'en tenaient à leurs programmes, qui ne comportaient point de telles leçons. L'esprit de leur enseignement était d'un désintéressement absolu, en ce sens qu'on ne le faisait pas servir à un objet extérieur à lui, et qu'il paraissait avoir sa fin en lui-même. Nous vivions vraiment, de notre mieux, pendant les classes, avec Homère et Sophocle, avec Virgile et Tite-Live ; nous tâchions de nous transporter dans le monde de leurs idées, sans songer en même temps à la vie contemporaine. Même effort au sujet des classiques français du xvii<sup>e</sup> siècle, qui sont déjà si loin pour notre état d'esprit. Quant au xviii<sup>e</sup> siècle, on ne nous en parlait guère : du xix<sup>e</sup> encore moins. Voltaire et Diderot étaient suspects, Victor Hugo et Michelet, presque ignorés. Bref, classique et esthétique avant tout, l'enseignement littéraire avait pour but à peu près exclusif de former et de développer le goût, de nous habituer à discerner et à aimer le beau. D'un *enseignement* moral proprement dit, il n'y avait pas trace.

Et pourtant l'*éducation* morale, qui semblait négligée dans ce programme d'instruction toute classique, nous l'avons reçue en même temps ; et, je n'hésite pas à le proclamer, nous l'avons reçue aussi complète, aussi riche, aussi excellente qu'on puisse l'imaginer. Elle ne nous était pas distribuée, il est vrai, sous forme de leçons. Mais cette forme est-elle indispensable ? Il est d'autres voies que les leçons *ex professo* pour pénétrer dans les jeunes âmes. Ce que les enfants apprennent le plus sûrement au collège, c'est ce qu'on ne leur enseigne pas.

En premier lieu, nos maîtres croyaient sincèrement à la vertu éducatrice des chefs-d'œuvre littéraires, et leur foi était communicative. Comme ils ne doutaient pas de l'identité foncière du bien et du beau, l'étude des classiques demeurait, à leurs yeux, la meilleure école de la vertu. Et, de fait, l'explication des auteurs classiques, soit anciens, soit modernes, éveillait constamment la réflexion morale. Il ne se passait pas de semaine qu'un morceau d'Euripide, de Thucydide, de Juvénal, de Pascal ou de Corneille ne vînt soulever un problème devant la conscience. Les Grecs surtout ont été d'admirables moralistes, et leur connaissance de la nature humaine n'a pas été surpassée. Sans être des philosophes professionnels, sans se douter même qu'ils nous enseignaient la morale, nos bons maîtres de seconde et de rhétorique, qui nous commentaient un morceau d'*Antigone* ou un passage du *Phédon*, touchés eux-mêmes de la sublimité des idées, nous en ouvraient le sens, et nous les faisaient comprendre par sympathie. M. Fouillée demande qu'un enseignement philosophique soit donné dans toutes les hautes classes de nos lycées. C'est peut-être beaucoup ; et je ne sais si tous les jeunes esprits se trouveraient bien de cette culture philosophique intensive. Mais, au temps de ma jeunesse, une bonne part de ce qu'il désire se trouvait réalisée, sans programme spécial, et pour ainsi dire sans effort. Dès la troisième, par la force des choses, par la seule vertu des textes antiques, nous étions peu à peu initiés aux grandes questions de la philosophie morale : c'est une tâche dont nos professeurs de lettres s'acquittaient dans la perfection, presque sans y penser. Et quand nous arrivions à la classe de philosophie, nous y étions aussi bien préparés qu'on peut l'être, en ce qui touche la morale, lorsqu'on a seize ou dix-sept ans. Hegel, qui fut longtemps directeur d'un gymnase en Bavière, avait une grande expérience de l'enseignement secondaire. Selon lui, « la meilleure classe de philosophie, c'est la lecture d'une tragédie de Sophocle ».

Outre les leçons qui naissaient ainsi de l'objet constant de nos études, nous recevions une éducation morale continue, si je puis dire, dont le principe était dans la personne, dans le caractère, dans toute la manière d'être de nos maîtres. Je suis bien peu versé dans cet art difficile et très délicat que l'on appelle pédagogie; il me semble pourtant que cette question : « Donnons-nous une éducation morale à nos élèves ? » ne vaut guère la peine d'être posée. Bonne, médiocre ou pire, des enfants réunis sous un maître reçoivent toujours une éducation morale. Passant chaque jour plusieurs heures avec eux, il agit nécessairement sur leur nature encore tendre, par sa parole, par sa tenue, par son tour d'esprit, par son caractère, quel que soit d'ailleurs le sentiment qu'il leur inspire. Tant vaut le maître, tant vaut l'éducation morale de ses élèves. J'ai entendu un des observateurs les plus pénétrants de ce temps, M. Boutmy, risquer ce paradoxe : « Peu importe la matière qu'un homme supérieur enseigne à des jeunes gens. L'essentiel, c'est que l'homme soit supérieur. »

S'il s'agit de l'enseignement secondaire, ce n'est presque plus un paradoxe. Les enfants sont, pour ainsi dire, dans la main du professeur. L'ascendant qu'il peut prendre sur eux, s'il en est digne, n'a pas de limites, et leur éducation morale, en tant qu'elle dépend du collège, se fait ainsi d'une manière insensible à la fois et irrésistible. Elle est affaire d'autorité personnelle et je dirais presque de suggestion. C'est une action subtile, qui s'exerce sans relâche, qui continue même hors de la présence du maître, et d'autant plus forte qu'elle n'a pas besoin de s'exprimer formellement par des leçons. Nulle part, mieux qu'entre maîtres et élèves, ne s'exerce l'attraction des âmes, dont parle le poète américain :

> Surely, whoever speaks to me in the right voice,
>     him or her I shall follow,
> As the water follows the moon, silently,
>     with fluid steps anywhere around the globe.

La meilleure récompense d'un bon maître n'est-elle pas dans l'abandon généreux, dans l'enthousiasme avec lequel les jeunes âmes se donnent à qui a su les conquérir? Et comment les a-t-il conquises? En étant sincère et généreux lui-même, en ne les sollicitant jamais, en ménageant leur pudeur souvent ombrageuse. Quand un courant de sympathie durable s'est établi entre le professeur et les élèves, il n'a presque plus besoin de leur dire ce qu'il pense et ce qu'il sent, pour qu'ils le pensent et le sentent comme lui. D'elles-mêmes, les âmes juvéniles se façonnent à l'image de l'âme virile. L'éducation morale est là tout entière. Cet âge est sans pitié, et souvent il abuse cruellement, pour s'amuser, d'une faiblesse trop indulgente. Mais il n'est pas sans clairvoyance. Mis en présence d'un nouveau maître, l'élève le juge, non seulement sur son savoir, mais sur son caractère, sa loyauté, sa droiture, son esprit de devoir, sa conscience, sa nature intime, sur mille indices presque insaisissables, mais significatifs. Jugement plus ou moins rapide, mais en général sans appel, et en général aussi, il faut bien l'avouer, équitable et bien fondé. Je doute fort que les notes administratives donnent une appréciation des professeurs plus juste, — tout bien pesé, — que le sentiment vrai de leurs élèves sur eux.

Des leçons proprement dites de morale sont bien peu de chose à côté de ces rapports décisifs qui s'établissent entre la personne du maître et celles des élèves. Supposez ces leçons fort bien faites, mais par un maître pour qui les jeunes gens, à tort ou à raison, ont peu d'estime. Il est certain qu'elles n'auront pas la moindre action sur eux. Il aura beau leur exposer le mieux du monde quels sont leurs devoirs, et comment il faut les remplir. Il ne leur inspirera pas le désir de faire ce qu'il dit. Peut-être même leur aversion pour son caractère rejaillira t-elle sur ce qu'il enseigne. Le moindre soupçon d'hypocrisie suffit à rendre la leçon morale intolérable. S'agit-il au contraire d'un maître admiré et aimé? Sans doute ses leçons seront écoutées avec respect et avec joie. Mais, à vrai dire, il n'est pas besoin de leçons. Le progrès moral des enfants se fait alors naturellement comme leur croissance. Pour se hausser jusqu'au modèle qu'ils ont adopté, ils font, sans s'en apercevoir, un effort continuel qui ne leur coûte pas.

On voit combien est injuste une critique que l'on entend souvent diriger contre les établissements universitaires. Tous les soins, dit-on, y sont donnés à l'instruction; mais on se préoccupe peu de l'éducation morale, et elle y est fort négligée. Le reproche pourrait paraître fondé, si l'éducation morale faisait nécessairement l'objet de leçons spéciales, ou si elle devait occuper certaines heures définies, comme les mathématiques ou les langues vivantes. Il est vrai qu'elle ne figure pas dans l'emploi du temps de nos lycées. Mais cela ne prouve point du tout qu'elle soit absente, et j'en appelle au témoignage de tous ceux qui ont reçu comme moi la discipline universitaire.

L'instruction qui nous a été donnée était bonne, l'éducation morale était meilleure encore. L'Université y avait pourvu en nous mettant entre les mains de maîtres dignes d'affection et de respect, à qui nous étions sincèrement attachés, et qui exerçaient sur nous la plus heureuse influence. Le personnel enseignant des lycées n'était pas moins remarquable par ses qualités morales que par sa valeur intellectuelle. Les hommes de ma génération l'ont vu, ce personnel, dans des circonstances tragiques, où le fond des âmes se révélait. En 1871, pendant le siège de Paris et pendant la Commune, je suivais la classe de quatrième au lycée Charlemagne. Les cours eurent lieu sans interruption ; seulement, les jours où le canon des forts de Vanves et d'Issy donnait, on se bornait à des exercices écrits, parce que les voix ne pouvaient se faire entendre. Parmi les maîtres qui nous ont fait la classe pendant ce long hiver, combien étaient la proie du malheur public et privé, combien étaient dévorés d'inquiétude, pour un fils, pour un frère sous les drapeaux en province, pour un enfant malade à la maison ! Tous ont rempli leur devoir professionnel, stoïquement, sans phrases, sans attendrissement oratoire. La déclamation patriotique n'était pas à la mode. Elle eût choqué tout le monde, professeurs et élèves, comme un manque de goût, comme une faiblesse de caractère. On continuait à étudier la grammaire française et l'histoire romaine. Nous comprenions confusément, comme peuvent faire des enfants, ce qu'il y avait de grandeur simple dans l'attitude de nos maîtres, et je ne crois pas que les leçons les plus éloquentes eussent pu produire plus d'effet que leur exemple silencieux. Jamais éducation morale ne fut plus efficace que celle-là.

La même tradition s'est maintenue dans les années plus calmes qui suivirent, et il me semble qu'elle dure encore. Elle repose sur cette vue psychologique très juste, à mon sens, selon laquelle l'éducation morale se réalise naturellement et comme d'elle-même, quand les enfants sont confiés à des maîtres d'esprit droit et de caractère sûr. Je ne prétends pas, cependant, que cette méthode de suggestion suffise toujours, ni qu'elle rende superflues toutes les autres. Notre temps est de plus en plus préoccupé des questions de morale sociale. Il peut être bon que les jeunes gens, dès que leur réflexion s'éveille, soient initiés aux principales de ces questions ; que leurs maîtres leur donnent de bonne heure l'idée claire et le sentiment vif de la solidarité sociale, le goût de la justice, la haine du mensonge et de l'hypocrisie. A quel moment de leurs études, sous quelle forme, par quel professeur cet enseignement devrait-il être donné ? Questions délicates de pédagogie pratique, qui seront sans doute soumises bientôt à votre expérience, et dont vos discussions fourniront la solution la plus satisfaisante.

### DISCUSSION

Après l'exposé de M. Lévy-Bruhl, M. le président Croiset demande s'il convient de commencer la discussion sur les questions qui ont été indiquées, ou s'il ne serait pas préférable d'attendre l'exposé que doit faire M. Darlu sur les « conditions et les moyens de l'éducation morale ».

M. Darlu. — Certains points mis en lumière par M. Lévy-Bruhl mériteraient d'être examinés. M. Lévy-Bruhl a très nettement distingué et même opposé la morale théorique, l'enseignement de la morale pratique et l'enseignement moral proprement dit ; il a paru conclure que l'enseignement de la morale n'avait guère d'efficacité et que l'enseignement moral, action exercée sur les sentiments et sur la volonté, était affaire de suggestion, que l'agent de l'éducation morale c'est proprement l'autorité, l'exemple du professeur. Mais les théories n'ont-elles pas un lien très étroit avec les sentiments ? Ne tendent-elles pas à produire l'effort moral ? N'agissent-elles pas profondément sur la volonté ? Le jeune homme a besoin d'*idées* pour soutenir son sentiment, l'élever, donner un point d'appui à son enthousiasme. On pourrait d'ailleurs contester que la science morale doive être regardée comme n'étant pas faite, comme inchoative ; elle n'est pas une science comme les autres et ne porte pas sur des faits, elle repose sur les sentiments éternels qui sont le fond même de la conscience humaine.

M. le Président CROISET fait remarquer que la question qui a été posée est exactement la suivante : quelle est la situation *de fait* ? Comment, jusqu'à présent, a été comprise et réalisée l'éducation morale au lycée ?

M. DARLU. — Je pense précisément sur ce point que, en fait, le professeur agit sur les sentiments et les volontés par l'exposé des théories, des idées. Si je fais appel à mes souvenirs personnels, je constate qu'une impression morale très forte résultait de l'exposé théorique des principes de la morale, bien que ces principes ne fussent guère que ceux qui servent de fondement à la « morale des pères de famille ». C'était la doctrine de Cousin, et son exposition systématique avait une incontestable efficacité.

M. BELOT appuie les observations précédentes. C'est un fait, que le professeur qui a le plus d'action est, sans doute, celui qui impose le plus le respect de son caractère et qui a la plus grande autorité, mais est aussi celui qui a une doctrine très ferme, très nette, très cohérente. Il y a lieu d'ailleurs, pour apprécier les choses, de tenir compte d'un changement notable qui s'est opéré dans la situation du professeur de philosophie. Il y a 25 ou 30 ans, l'enseignement de la morale était étroitement lié à un programme qui laissait au professeur peu de liberté ; aujourd'hui, cette indépendance intellectuelle du professeur est complète, et son enseignement est plus personnel.

M. Gautier. — J'ai très précisément présent à la mémoire le sentiment de joie que j'ai éprouvé en trouvant, dans la classe de philosophie, codifiés en un système, les sentiments moraux qui m'animaient. Cette transformation des aspirations de la conscience en lois rationnellement enchaînées a une portée morale, considérable par son efficacité. Les sentiments moraux et la formule de la morale doivent donc être fort intimement liés. — Il importe au surplus de noter qu'aujourd'hui plus qu'autrefois le professeur a la préoccupation d'attirer expressément l'attention de ses élèves sur les problèmes moraux, d'y retenir leur esprit, de rattacher à la morale les idées, les faits que la littérature, l'histoire, etc.., font passer devant les esprits des jeunes gens.

M. le président Croiset résume en quelques mots les observations précédentes ; il expose qu'au total les opinions sur ce qui se passe en fait dans l'Université ne sont pas bien d'accord entre elles ; d'une part on estime que l'enseignement moral s'est exercé presque uniquement sous forme de suggestion, tandis que d'autre part on pense que cette action morale s'est exercée aussi, et avec une force égale au moins, par l'exposition dogmatique des doctrines et des systèmes. Il renvoie la discussion générale après la conférence de M. Darlu, qui indiquera, pense-t-il, *ce qui se doit faire, l'idéal* vers lequel il faut tendre.

# II

Séance du 29 novembre 1900.

## CONDITIONS ET MOYENS DE L'ÉDUCATION MORALE
### AU LYCÉE

Exposé fait par

## M. DARLU
Professeur à l'École normale supérieure de Sèvres.

M. Darlu lit un programme de questions qui lui paraissent pouvoir se rapporter à ce sujet :

1° *Les conditions de l'éducation morale.*
- *a*) Pour les internes en général :
    - 1° L'internat et le régime tutorial ;
    - 2° L'étude : action des répétiteurs :
    - 3° Le dortoir ;
    - 4° La cour et les promenades : jeux et exercices physiques.
- *b*) Externes et internes réunis :
    - 5° L'action du professeur ;
    - 6° L'action du proviseur et du censeur ;
    - 7° Les fêtes ;
    - 8° Les œuvres sociales auxquelles les élèves peuvent être associés.

2° *Les moyens de l'éducation morale :*
- *a*) L'éducation et la conscience morale en général :
    - 1° L'esprit du lycée ;
    - 2° La discipline : punitions et récompenses ;

> 3° Conseils, avis ;
> 4° Influence morale de l'enseignement en
> général :
> 5° Les leçons de morale.
> *b*) L'éducation spéciale :
> 1° De la sincérité ;
> 2° Du sentiment de la justice ;
> 3° Du courage :
> 4° De la liberté :
> 5° Du sentiment social :
> 6° Du sentiment civique.

M. Darlu consulte la réunion sur les points de ce programme qu'elle désire traiter aujourd'hui, ou sur les lacunes qu'on pourrait y relever.


### DISCUSSION


M. LE PRÉSIDENT demande à M. Darlu de vouloir bien indiquer lui-même les points qui lui semblent les plus intéressants à traiter, et aussi les raisons qui l'ont amené à choisir ces questions plutôt que d'autres, ou à les disposer dans cet ordre. On peut du reste se borner à examiner aujourd'hui les questions relatives à ce que M. Darlu a appelé les moyens de l'éducation : car celles qu'il a groupées sous la rubrique : conditions de l'éducation se rapportent plutôt, semble-t-il, à la question des agents de l'éducation au lycée.


M. DARLU dit qu'en effet on peut ajourner l'étude du premier point à la conférence suivante. Quant au second point, il a entendu distinguer la question générale de la formation de la conscience et quelques-uns des traits les plus caractéristiques de la conscience : ainsi la sincérité est la condition des autres vertus ; et dans l'enseignement universitaire il y a à la fois un grand désir de la sincérité chez les maîtres, et chez les élèves une certaine pratique de l'insincérité. La justice est la grande vertu sociale, comme la sincérité est la grande vertu individuelle. Le courage, la liberté constituent les éléments principaux du caractère. Enfin les sentiments sociaux, les sentiments civiques doivent être un objet important de préoccupation pour l'éducateur.

Il ne s'agit pas à ses yeux de traiter de l'idéal de la vie morale, de disserter sur les doctrines morales, mais plutôt d'examiner des questions toutes pratiques. Il s'agit de peser le fort et le faible de l'éducation que nous donnons.

La première question à trancher est donc de savoir si l'on veut se placer au point de vue pratique ou au point de vue théorique.

M. LE PRÉSIDENT est aussi d'avis qu'on ne doit pas se proposer ici de formuler une doctrine morale, si par là on entend un ensemble de vues, métaphysiques ou non, auxquelles on rattacherait les règles de la conduite ; mais il y a cependant une question générale à poser : une partie de notre tâche est d'élever les enfants ; nous n'avons pas seulement à les instruire ; il faut examiner le reproche qu'on fait à l'Université de ne pas *élever* les enfants.

Pour cela, nous devons savoir ce que nous avons à faire, quelle sorte d'idéal moral nous devons tâcher de présenter. Cette question-là, on peut la traiter avec précision. L'éducation du lycée n'a peut-être pas à développer au même degré toutes les qualités morales ; il faut savoir quelles sont celles qui doivent surtout nous préoccuper.

Ainsi, M. Darlu a défini certaines qualités morales ; c'est là une conception de l'idéal qu'il convient d'examiner.

M. Marcel Bernès pense avec M. le Président qu'il importe de répondre à une première question générale, mais non pas tant pour savoir quel est l'idéal qu'on doit se proposer que pour se demander si l'éducation universitaire doit être, et surtout doit être à tous les âges une éducation doctrinale, ou si son caractère propre n'est pas plutôt de mettre toutes les âmes en état de se développer au mieux selon leurs qualités et leurs tendances personnelles. Cette question a été touchée dans la précédente conférence sans être épuisée, et vaut la peine qu'on s'y arrête.

Faut-il, dans la classe de philosophie, et surtout avant cette classe, à l'âge où les formules risquent de s'imposer du dehors à un esprit encore imparfaitement maître de lui, faut-il compter avant tout sur les idées réfléchies et formulées pour faire l'éducation de l'esprit ? ou ne doit-on pas laisser la première place à une action plus indéfinie telle que celle de l'exemple, de la personnalité du maître, qui à la fois élève l'âme et sauvegarde la liberté ?

M. le Président pense que la question se pose de savoir si l'Université doit avoir ou non une doctrine. Si une éducation morale se fonde sur une doctrine, elle doit toucher à tous les points, sinon, elle se limitera à certains points : mais alors même l'éducateur aura un idéal ; et il faut savoir quel peut être cet idéal.

M. Darlu. — La question qui se pose est pratique et non théorique ; si l'on veut traiter de l'idéal, on ne s'entendra plus ; on se heurtera à la divergence des caractères individuels, tandis que sur les moyens de l'éducation morale on se mettra aisément d'accord.

M. le Président. — Il ne s'agit pas d'examiner les doctrines morales et de choisir entre elles, mais de se mettre d'accord sur un idéal pratique, — d'autant plus que presque toutes les doctrines aboutissent aux mêmes préceptes. On peut d'ailleurs, pour traiter cette question, suivre la méthode qu'a indiquée M. Darlu, et examiner quelques-uns des points qui forment cet idéal : par exemple l'éducation de la sincérité.

M. Darlu a parlé d'une pratique de l'insincérité dans nos lycées ! qu'a-t-il entendu par là ?

M. DARLU. — Il est certain que chez nous comme ailleur les élèves sont souvent habitués à dissimuler. Ce défaut tient à une tradition ancienne et à une nécessité de nature. Il y a dans la classe un état de guerre qui résulte de l'inégalité entre les élèves et le professeur, de ce que les élèves sont d'un côté, le professeur de l'autre. La classe doit être une collaboration appliquée à faire cesser ces pratiques, dont le copiage aux compositions donne un exemple entre bien d'autres.

M. LE PRÉSIDENT dit que le fait indiqué se rattache à un problème général de très grande portée : l'habitude de mettre les enfants devant le devoir de sincérité est-elle assez développée? La préoccupation du succès n'est-elle pas trop prépondérante? Le fait lui-même est peut-être moins fréquent que ne le dit M. Darlu ; mais il suffit qu'il ne soit pas sans exemples pour que des éducateurs aient à chercher dans quelle mesure le système des punitions et des récompenses est irréprochable et s'il ne convient pas de donner dans la classe moins d'importance au succès, et plus à l'effort.

M. CH.-H. BOUDHORS. — Il faut distinguer entre deux sortes de fraudes, les fraudes au baccalauréat et les mensonges usuels dans la classe. Les premières sont inspirées par ce désir de réussir qui parfois se retrouve, avec des conséquences analogues, dans la vie elle-même.

Celles-là, nous n'en portons pas la responsabilité, ce sont toutes les habitudes sociales qu'il en faut accuser. Au contraire, nous devons combattre directement les autres. Comment les abolir ? C'est une question délicate. Nous n'admettons pas que des camarades dénoncent l'élève; c'est-à-dire que nous faisons appel à l'esprit de corps; et dans les petites fautes il faut compter avec cet esprit de corps : faut-il le détruire ? La question est grave. Ces mensonges viennent en réalité de ce que dans une classe mal composée, de mauvais esprit, l'enfant qui fait son devoir est mal considéré : il fait du zèle... C'est donc la camaraderie qui pourrait être la cause de ces petites fautes traditionnelles dans les classes : copier son devoir, se faire souffler, ou lire sa leçon.

M. Rabaud. — Quand nous demandons à nos élèves de ne pas dénoncer un camarade, nous ne songeons pas à faire appel à l'esprit de corps, mais nous voulons éveiller chez le coupable le sentiment du devoir en l'invitant à se dénoncer lui-même. Si le professeur s'est attaché à gagner la confiance et l'affection de ses élèves, ceux-ci ne songeront même pas à commettre une faute contre la discipline. Ils n'essayeront pas non plus de copier leurs compositions. Quant aux fraudes dans les examens, elles tiennent en grande partie à la négligence des surveillants; il n'y a pas de fraude possible dans une salle bien surveillée.

M. Jules Gautier pense que les fraudes tiennent non seulement à la nature humaine, mais à des traditions séculaires, aux habitudes de l'ancienne discipline qui préjugeait la culpabilité.

En classe, il y a l'élève qui fraude par amour-propre et l'élève qui fraude parce qu'il est très faible, et dont la faute est déjà moins grave. Pour corriger ces fautes, l'action du professeur est énorme ; il doit d'abord dire qu'il a confiance dans ses élèves, et ainsi appeler leur sincérité, créer chez eux le besoin de dire la vérité. L'esprit de corps dans une classe ainsi dirigée n'agira plus dans un mauvais sens.

M. BOUDHORS est d'accord avec M. Gautier et M. Rabaud sur ce fait que le mensonge n'est pas persistant. L'élève en vient à se dénoncer lui-même pour éviter la mauvaise opinion de ses camarades ; — il vaudrait certes mieux encore qu'il ne commît pas la faute.

Mais ce que dit M. Gautier répond à la pratique de tous les professeurs ; un professeur n'a jamais commencé par se montrer sévère : il n'y a pas là de tradition ancienne, et, du reste, si cette tradition existait, elle ne créerait pas d'habitude chez des élèves qui ne se connaissent pas familièrement.

Le remède est dans les avertissements pratiques, qui sont plus féconds pour les petits enfants que l'appel aux grandes idées, au devoir abstrait, qu'ils ne comprennent pas.

M. MALAPERT voudrait ramener ce qu'on vient de dire à quelques questions principales. Il en distingue trois :

Quel est le degré du mal ? Quelles en sont les causes ? Quels en sont les remèdes ?

Sur la question de fait, il pense que l'insincérité n'est pas très développée dans l'Université ; mais il en existe toujours trop, et il faut distinguer les principales sortes de fraudes, avec la valeur morale qu'elles ont pour les élèves : ainsi des élèves de philosophie trouveront très mal de copier à une composition, et accepteront que l'on copie à l'examen ; et cette idée-là est très répandue dans les familles. Elle a pour origine encore l'habitude des recommandations, le fait social de la protection et du favoritisme.

Si l'on se contente d'exercer une surveillance plus attentive, on empêchera le fait, mais non le mal moral correspondant.

Pour les compositions le mal n'est pas très développé, sauf dans un cas, lorsque par un effet de l'esprit de corps il est entendu que, chez tel professeur, tout le monde copie, et dans ce cas l'idée de la faute ne se présente même pas à l'esprit de l'enfant.

Quant aux petits mensonges pour se disculper, c'est chose fort variable. Plus que les sévérités des anciens règlements et plus que des traditions qui ne se perpétuent guère, la famille en est responsable ; elle y habitue l'enfant, en commet pour lui, par exemple quand elle lui fournit des excuses inexactes. Ici encore ce n'est pas l'Université qu'il faut mettre en cause. Il y a aussi à signaler l'état de guerre dont on parlait, mais qui a bien diminué : car il faut dire que les professeurs qui suivent la voie libérale qu'on indiquait sont de beaucoup les plus nombreux.

Ainsi les causes principales du mal sont dans l'état des mœurs, dans la famille.

Ce mal, qui ne vient pas de nous, nous le combattons et l'avons sans cesse combattu : et s'il y a des établissements où l'insincérité est, non un principe d'éducation, mais un procédé de gouvernement, ce ne sont pas ceux de l'Université, qui a toujours travaillé à inspirer à ses élèves le goût de la probité morale.

M. LE PRÉSIDENT est d'accord avec M. Malapert et le remercie d'avoir montré les causes sociales du mal. Il faut supprimer dans la classe ce qui subsiste de l'état de guerre, faire appel à l'instinct moral, au devoir ; nous aurons ainsi une action considérable sur les causes sociales du mal elles-mêmes.

M. DARLU croit le mal plus grave qu'on ne le dit ; il

est universel; la droiture exige dans la vie un courage très grand. Il faut élever les enfants au-dessus du mal commun. Pour y arriver, il faut d'abord changer l'esprit de corps, de solidarité, en faisant passer les rapports du professeur et des élèves du pied de guerre, qui est la tradition, au pied de paix, qui est dans nos désirs. Et puis il faut que le professeur mette au premier rang cette vertu de la sincérité : il faut qu'il détourne son attention des résultats intellectuels pour la porter sur les résultats moraux, sur la formation des caractères.

M. BOUTMANS. — A la condition qu'il s'agisse de les former à l'effort.

La suite de la discussion est ajournée au jeudi 6 décembre.

Séance du 6 décembre.

### DISCUSSION

M. le président CROISET rappelle les points principaux qui ont été abordés au cours de la précédente discussion. Il ajoute que peut-être serait-il nécessaire d'envisager le problème d'une façon plus générale, en recherchant quelles sont les conditions de fait dans lesquelles se trouve placé le professeur, et qui déterminent en une très large mesure les moyens que peut employer l'éducateur. C'est ainsi par exemple que l'enseignement proprement dit est le plus général et le plus précieux des instruments d'éducation dont dispose l'Université.

M. MALAPERT appuie les observations précédentes. Nous n'avons pas affaire à un enfant quelconque, abstrait, mais appartenant à une époque, à une société, à une catégorie données. D'autre part, par notre fonction même nous sommes en possession de divers moyens d'exercer une influence éducative : discipline, système de récompenses et de punitions, compositions, etc. En examinant ces données générales on rencontrerait tous les points spéciaux énumérés. On verrait comment chacun de ces procédés permet de développper telle ou telle qualité morale, ou au contraire s'il n'y a pas conflit, au moins apparent, entre la fin poursuivie et les moyens actuellement employés : par exemple, le système des compositions.

M. BELOT. — La culture de la sincérité est capitale,

et j'estime que notre enseignement doit être de nature à la cultiver, qu'il ne doit donc porter que sur ce que l'enfant est capable de comprendre, qu'il ne doit pas dépasser sa portée, qu'il ne doit pas tomber dans le factice et le conventionnel. Or, dans nos exercices littéraires, ne fait-on pas une trop large place à la convention en faisant exposer à l'enfant, non pas ses propres idées sur un sujet qu'il puisse apprécier personnellement, mais les idées d'un personnage inconnu de lui sur des points presque aussi mal connus ? Cela n'est-il pas propre à créer dans l'enfant une âme d'emprunt, et n'est-ce tout au moins lui demander ce tour de force de se mettre dans l'esprit d'un autre, et de parler au nom d'idées qui ne sont pas les siennes ? On a bien essayé, en ces derniers temps, de porter remède à ce travers : mais on n'a pas entièrement réussi. De même encore il y a une tendance fâcheuse à faire penser l'enfant avec des mots plutôt qu'avec des idées.

M. BILLAZ insiste dans le même sens, et estime que le remède ne dépend pas de nous seuls, mais aussi des programmes et des examens. Aux examens on pose des questions qui impliquent que l'enfant répond, — non ce qu'il pense, — mais ce qu'on lui a appris. Et comme il est impossible au professeur de commenter tous les ouvrages portés au programme, il arrive fatalement que l'enfant prend un manuel et cherche uniquement à se garnir la mémoire de formules.

M. DARLU. — La préoccupation de l'enseignement pèse tant sur nous que nous ne pensons qu'à l'intelligence, que nous ne parlons que d'étude, d'enseignement, et que nous oublions précisément ce qui est la question, à savoir l'éducation morale elle-même. Il faudrait continuer dans la même voie que la dernière fois et parler de chaque vertu en particulier.

M. LE PRÉSIDENT CROISET. — Il y a bien quelque chose d'artificiel dans l'âme littéraire que nous formons à nos élèves : mais le danger est-il si grand ? et n'est-il pas à craindre qu'ils se fassent eux-mêmes une âme plus artificielle encore par l'usage exclusif et abusif du manuel?

Le Président propose de passer à l'examen du système des récompenses, des compositions, etc. N'est-ce pas une leçon de morale que d'habituer l'enfant à comprendre le système des compositions, de lui faire voir qu'il y a d'une part une valeur morale qui s'attache à la bonne volonté, à l'effort, et d'autre part des différences intellectuelles ?

M. RABAUD fait observer qu'en substituant la *cote* à la *place* on a essayé précisément de faire comprendre à nos élèves que, ce qui importe, c'est moins le rang que le progrès dû aux efforts. Toutefois les professeurs ont été récemment surpris, émus même, de voir subitement multiplier le nombre des compositions. M. Rabaud insiste sur ce point qu'il est très possible de fortifier chez l'enfant le sentiment du devoir.

M. LE PROVISEUR KORTZ. — Le professeur fait tout ce qu'il doit et tout ce qu'il peut. Mais il rencontre souvent un obstacle à ses efforts dans la famille même. Si l'enfant nous appartenait tout entier, cette formation morale serait infiniment plus facile. Mais trop souvent la famille intervient d'une façon maladroite et mauvaise. Pour ce qui est des compositions, par exemple, on voit des parents déclarer qu'ils « n'admettent pas » que leur fils soit classé après tel ou tel camarade.

M. BOUGLONS appuie les observations présentées par M. Kortz au sujet de l'intervention des familles. Il estime toutefois qu'il y a quelque chose de trop rigide dans le système des compositions. Des élèves peuvent se décourager ou même s'aigrir en se voyant perpétuellement condamnés à de mauvaises places. Ne pourrait-on pas employer un système mixte : classer les premiers d'après leur talent et leur savoir, puis, pour les autres, tenir compte de l'effort, de la bonne volonté, en abandonnant le classement proprement dit pour une sorte de groupement ?

M. MALAPERT. — Le système des compositions est nécessaire pour que professeurs et élèves se rendent compte du point relatif où chacun est arrivé ; pour certaines matières d'enseignement, c'est le seul moyen d'obtenir que les élèves les étudient. Au reste, les professeurs savent attirer l'attention de leurs élèves sur l'importance de la note obtenue, sur les progrès réels et personnels ainsi marqués. Quant au système proposé par M. Boudhors, il n'irait qu'à canaliser l'injustice, si injustice il y a, dans cette constatation des résultats réels. De plus, il risquerait de faire soupçonner des préférences, des faveurs. Or, n'est-ce pas une leçon de justice qu'on donne aux enfants quand on classe leurs copies uniquement d'après la valeur intrinsèque de celles-ci ? quand on leur montre que la faveur peut n'être pour rien, quand il s'agit d'apprécier le savoir ?

M. FLOT. — Nous avons tort de ne pas habituer d'assez bonne heure l'enfant à se contenter de la récompense purement morale de l'effort, du devoir accompli. Il ne faut pas d'ailleurs exciter sa vanité. Aussi conviendrait-il de se demander à partir de quel moment il serait possible de détacher l'enfant de cette idée d'une récompense matérielle.

M. CHALAMET. — A côté de la composition et de la récompense qui y est attachée, nous avons une foule d'autres notes et récompenses qui permettent de mettre à son rang l'élève consciencieux et de lui témoigner effectivement notre approbation. Il y a les notes hebdomadaires, il y a le tableau d'honneur, les prix de tableau d'honneur, le prix d'excellence qui, par une heureuse modification, est maintenant attribué au mérite beaucoup plus qu'au succès.

M. le Président Croiset pense qu'il est impossible de supprimer les compositions et le classement. L'enfant doit se rendre compte du niveau qu'il a atteint, et l'on ne peut classer que d'après la valeur intrinsèque du travail remis. Mais parfois une mauvaise place déprime l'ardeur, affaiblit l'énergie. Aussi pourrait-on réduire le classement proprement dit aux quinze premiers, par exemple, et pour les autres se borner à indiquer des *groupes*, sans classement rigoureux et personnel.

M. Darlu. — Une fois encore nous risquons de perdre de vue l'essentiel, l'éducation morale. Nous nous perdons dans le détail : et les compositions ne sont pas tout dans le système de notre université. Il faudrait considérer la question d'une façon plus générale. Il est nécessaire que l'enfant trouve au lycée une image de la vie. Il faudrait examiner le système d'actions par lequel nous cultivons la conscience.

M. Kontz constate que le système des *groupes* est déjà pratiqué et qu'il serait facile de l'étendre. Au reste, il est important d'habituer les élèves à considérer la composition, non comme un classement, mais comme une constatation.

M. Clamin juge la composition indispensable ; elle seule permet au professeur de savoir ce dont est capable l'enfant, quand il est réduit à ses propres forces.

# III

Séance du 13 décembre 1900.

## LES AGENTS DE L'ÉDUCATION MORALE

Exposé fait
### Par M. Marcel BERNÈS
Professeur de philosophie au lycée Louis-le-Grand.

Je ne puis me proposer de tout dire sur un sujet aussi vaste que celui que j'ai à traiter : dans nos lycées, tous ceux qui ont une fonction active, proviseur, censeur, professeurs, surveillants généraux, répétiteurs, ont continuellement part à l'éducation morale des enfants qui leur sont confiés ; et ainsi traiter des agents de l'éducation morale, c'est parler de tout le personnel de nos établissements.

Je me bornerai donc à donner des explications sommaires, afin de fournir une matière à la discussion ; et sur un certain nombre de points, de plus compétents que moi, des administrateurs, des répétiteurs pourront compléter ou rectifier ce que j'aurai dit, en nous apportant le témoignage de leur expérience personnelle.

J'examinerai d'abord les règles en vigueur, et, autant que je la connais, la pratique de ces règles : et dans une seconde partie de cet exposé, j'étudierai les améliorations de détail ou les réformes plus profondes qu'on a proposé de faire dans ces règles et dans cette pratique.

## I

Je rappelais tout à l'heure que les agents de l'éducation morale au lycée sont tous ceux qui dans l'établissement ont une part quelconque à la direction, à l'instruction, à la surveillance. Je n'insiste pas sur ce point, et je me contente de renvoyer au rapport de M. Marion à la commission de la discipline, de 1889, rapport annexé aux instructions de 1890.

L'éducation se donne donc à tous les élèves : et la différence, si importante qu'elle soit, n'est à cet égard que de degré entre l'externe, qui reçoit surtout au lycée l'action éducative du professeur, et l'interne, qui, dans l'action du proviseur et du répétiteur, retrouve une partie de cette éducation que reçoit l'externe dans sa famille.

On prend parfois pour une nouveauté le fait de considérer nos lycées et collèges comme des maisons d'éducation, et l'on admet qu'il fut un temps où le professeur n'était considéré que comme un instructeur, le proviseur et ses auxiliaires directs comme ayant charge de maintenir l'ordre par une discipline purement répressive. C'est là une erreur ; et les arrêtés ou instructions de 1814, 1821, 1854, de plus anciens règlements même, comme celui du collège Louis-le-Grand, de 1769, montrent le même souci, souvent exprimé dans les mêmes termes, que les instructions de 1890, le souci de définir les fonctions éducatives et l'action morale des différents maîtres ; nous y voyons aussi le même désir de les appeler tous à concourir à la tâche commune, le même soin d'assurer, grâce à ce concours, la formation complète de l'homme et du citoyen.

Les fonctions des divers agents à ce point de vue ne sont guère définies encore maintenant que par les anciens règlements, et les moyens d'action dont on dispose sont en partie ceux d'autrefois : quelques-uns même sont tombés en désuétude, sans être remplacés par d'autres.

Pour le proviseur, dont la fonction éducative est de

toute importance parce qu'étant le chef de la maison, il a la haute main sur tout ce qui se fait au dedans, et parce qu'il est l'intermédiaire constant entre le lycée et les familles (arrêté du 28 août 1821, instruction de 1890), ces moyens sont d'abord les notes journalières des maîtres que le censeur lui transmet chaque matin, et qui lui donnent occasion d'appeler individuellement tel ou tel élève pour lui faire les remontrances ou les exhortations jugées nécessaires (arrêté de 1821). Ce sont ensuite les réunions qu'il tient avec les différents maîtres qui ont affaire ensemble aux mêmes élèves et qui peuvent le renseigner directement à leur sujet.

Dès aujourd'hui et depuis longtemps un bon proviseur sait tirer de ces moyens un excellent parti : et il serait facile, nous le verrons tout à l'heure, d'en assurer l'usage en levant un certain nombre de difficultés matérielles qui souvent en limitent l'application.

Le censeur, selon les anciens règlements, est le suppléant du proviseur ; il a la direction immédiate de la discipline et des études : dans cette double fonction il a autrefois joué un rôle fort important dans quelques maisons et vraiment remplacé auprès des internes le père de famille. Son rôle a certainement diminué aujourd'hui, mais il peut être encore considérable ; et, surtout dans les lycées nombreux, le censeur est, s'il en a le temps, mieux qualifié que qui que ce soit pour suppléer le proviseur dans son action éducative sur les élèves internes.

On a déjà parlé de l'action du professeur en général ; on parlera surtout dans les prochaines conférences de son action dans sa classe. Cette action, qui s'exerce d'abord et surtout par la direction du travail intellectuel, peut et doit aussi, quoique plus discrètement, et d'une façon moins méthodique, porter en classe sur les habitudes et sur le caractère des élèves ; enfin elle se fait encore, on vous l'a montré, et d'une façon plus pénétrante, avec des résultats plus sûrs et plus durables, par l'exemple.

A tout ce qu'on a dit sur ce sujet, je me contenterai aujourd'hui d'ajouter une remarque générale, qui n'a pas été faite, et sur laquelle nous n'aurons sans doute pas à revenir, quand nous étudierons séparément les moyens d'action que chaque enseignement met à la disposition de chaque professeur. Cette remarque, qui nous donne la meilleure des preuves que l'action éducative des professeurs s'exerce dès aujourd'hui dans de bonnes conditions, c'est que leur influence se prolonge au delà de la classe, au delà même du lycée, dans la vie, en dépit des conditions assez défavorables où se trouve le professeur vis-à-vis des familles qu'il ne connaît guère. Ces relations prolongées, ces conseils qu'un élève demande à ses anciens maîtres dans les occasions difficiles, dans les crises morales de la vie, bien des années après qu'il a quitté leur classe et les bancs du lycée, viennent donc de la volonté même de l'élève, et du souvenir reconnaissant qu'il garde à des hommes qu'il a toujours vus préoccupés de son bien, et dirigés eux-mêmes par le constant souci du devoir.

Le surveillant général est dans les lycées un rouage relativement récent ; sa création officielle remonte à 1847 seulement : chef des répétiteurs, il a un rôle utile à remplir, surtout en ce qui concerne la direction de la discipline, et pour assurer l'ordre matériel qui, selon la remarque souvent faite, n'est pas le tout de l'éducation, — mais en est au début la première condition nécessaire à l'action intérieure, — et hors duquel on ne parvient pas à celle qui se fait par les sentiments ou par les idées.

Il faut d'ailleurs reconnaître que jusqu'ici on n'a peut-être pas su tirer de cette fonction tous les services qu'elle pourrait rendre : en détournant trop tôt l'attention du maintien de l'ordre extérieur, le souci très élevé, mais un peu prématuré, s'il s'agit de jeunes élèves, d'obtenir un ordre plus raisonné et plus durable, a peut-être contribué à cacher le rôle utile des surveillants généraux.

La question des répétiteurs est l'une des plus importantes entre celles qui se posent à nous, l'une des plus complexes aussi et des plus délicates, parce qu'elle se complique aujourd'hui de difficultés étrangères au sujet, venant par exemple d'impulsions maladroites données d'en haut au répétitorat, de promesses imprudentes qui n'ont pu être tenues et qui ont simplement créé, avec des espérances suivies de désillusions, un état d'esprit parfois fâcheux dans une partie du personnel. La détermination exacte de la fonction éducative du répétiteur est pratiquement entravée par ce fait que des questions d'intérêt purement professionnel sont venues s'y mêler, sans toujours correspondre véritablement au rôle propre de cet agent dans l'organisation idéale d'un établissement d'instruction et d'éducation.

L'action principale du répétiteur consiste dans la surveillance même qu'il exerce : se trouvant à l'étude, à la récréation, à la promenade, en contact permanent avec les élèves, il est placé dans de bonnes conditions pour avoir sur eux une action de détail qui est précieuse; de lui dépendent, en particulier, la régularité dans le travail et la bonne tenue des internes. Il peut ainsi faire bien connaître les élèves aux professeurs d'une part, au censeur et au proviseur de l'autre, et, en retour, assurer l'exécution des directions que ceux-ci veulent donner au travail ou à la conduite de tous ou de chacun.

Telle est, en fait, dans ses grandes lignes, la fonction éducative des divers agents de l'éducation morale au lycée.

Il faut ajouter que le choix de ces agents est actuellement soumis à des règles très larges. Le principe qui paraît être admis est qu'en élevant très haut la culture des maîtres on aura chance d'élever aussi le niveau moral et la bonne volonté de tous, le zèle même qu'ils déploieront dans l'œuvre de l'éducation. Le fait est qu'on imaginerait difficilement d'autres règles que celle-là : et il n'est pas facile de se représenter où l'on pourrait trouver une mesure commune équitable des qualités propres de l'éducateur. Il ne semble pas d'ailleurs que la règle suivie, là du moins où elle l'est sérieusement, comme dans le choix des professeurs, expose à de fréquentes erreurs.

En dehors de la garantie de culture assurée par des concours tels que ceux de l'agrégation. les conditions qui président au choix du personnel se réduisent à fort peu de chose.

Dans des cas particuliers, pour les élèves de l'École normale supérieure et les boursiers d'agrégation, il existe avant l'agrégation un stage d'ailleurs insignifiant. Les proviseurs et censeurs sont choisis sans conditions spéciales et sans stage préalable parmi les professeurs ou, plus rarement, parmi les surveillants généraux. Ceux-ci sont pris d'ordinaire parmi les répétiteurs, sous la condition d'un temps minimum d'exercice (cinq ou huit ans. selon les cas). Enfin les répétiteurs sont astreints à un stage de trois mois, qui peut être renouvelé et n'aboutit pas nécessairement à une nomination.

Quant au concert de tous les agents, qui est si nécessaire à la réussite de l'éducation, il était autrefois réalisé selon la conception autoritaire qui faisait du proviseur non seulement la tête, mais presque le tout du lycée, et lui donnait des pouvoirs étendus sur le choix ou sur le renvoi de ses collaborateurs, Aujourd'hui, la conception libérale qui est la seule compatible avec l'état des mœurs, et qui seule peut sauvegarder les droits attachés aux titres qu'on exige de tout le personnel, cette conception n'a pu encore produire une organisation qui assure toujours la collaboration de tous. Cependant, outre le rôle déjà considérable des conseils de discipline, il faut signaler ici les bons effets des conseils de classe, là où ils ont été institués et régulièrement pratiqués. Non seulement ils renseignent le proviseur sur la situation et sur les progrès de chaque élève ou de chaque classe et de chaque étude, mais ils permettent aux professeurs et aux répétiteurs de se connaître, de concerter leur action et d'en tirer le maximum d'effet utile.

En résumé, dès aujourd'hui et depuis longtemps, l'action éducative du personnel des établissements d'enseignement secondaire est considérable. Non seulement elle est prévue par les règlements, mais, ce qui vaut mieux, elle existe et se traduit par des résultats positifs, surtout celle des professeurs, habitués en général à chercher dans l'enseignement un moyen constant et merveilleusement efficace d'éducation morale autant que de culture intellectuelle, et dont l'exemple ou les conseils exercent une influence considérable et persistante sur l'esprit et sur le caractère des élèves. L'action éducative du proviseur, celle du censeur, si nécessaires, puisqu'auprès des internes ils représentent et remplacent jusqu'à un certain point la famille absente, existe aussi, dès maintenant, mais beaucoup moins régulière, et entravée par bien des obstacles. Il en est de même de l'action des répétiteurs, qui est d'une autre nature et qui s'exerce surtout dans le détail, sous la direction générale du proviseur et des professeurs.

Enfin déjà existent, dans les conseils de discipline ou les conseils de classe, des germes d'action concourante des divers agents de l'éducation, destinés à fortifier et à assurer l'efficacité de leurs efforts.

## II

Je viens d'indiquer brièvement quels sont les agents de l'éducation au lycée, ce qu'est leur tâche d'éducateurs et les moyens qu'ils ont de l'accomplir. Il faut maintenant chercher comment cette situation pourrait être améliorée.

On se représente souvent, au dehors, l'Université comme un corps impropre à se réformer lui-même ; on lui reproche d'être routinière, et trop souvent cela signifie seulement qu'elle accueille avec défiance certaines réformes d'inspiration peu pratique, qu'on lui propose au nom d'un système. La vérité est qu'elle n'aime pas à se payer de mots, et qu'elle demande à aller au fond des choses : il suffit de vivre avec des universitaires pour savoir qu'ils ne pèchent pas en général par défaut d'esprit critique ; et comme ce sont des hommes qui, par métier, sont habitués à réfléchir et à faire réfléchir, il leur arrive au contraire de pousser à l'extrême les critiques qu'ils font de l'Université elle-même et d'oublier de signaler le bien à côté du mal. Rien n'est plus frappant lorsqu'on lit dans la récente enquête de la commission parlementaire de l'enseignement les dépositions des professeurs.

Au surplus, les réformes proposées ont presque toutes été indiquées par des universitaires ou par des associations d'universitaires, telles que la *Société pour l'étude des questions d'enseignement secondaire*. Toutefois, parmi ces réformes, on doit faire une distinction : les unes, généralement réclamées par le personnel de l'enseignement secondaire, sont des améliorations pratiques et spéciales destinées à mieux assurer, par exemple, le bon fonctionnement du mécanisme déjà existant, et ne visent pas à un remaniement complet de tout notre système d'éducation. Inspirées par l'expérience, elles sont en général facilement applicables et acceptées presque universellement.

D'autres sont des réformes de fond, appuyées en général sur une conception de l'éducation morale très différente de celle qui a prévalu jusqu'ici ; et celles-là, bien qu'elles aient été parfois soutenues par des universitaires, excitent assez ordinairement la défiance des professeurs de l'enseignement secondaire.

Je les examinerai successivement, en les rapportant toujours à la question spéciale qui m'occupe.

Les premières répondent à une critique de l'état présent des choses, à la constatation d'une insuffisante adaptation des moyens dont on dispose aux fins qu'on se propose et aux fonctions éducatives qui nous sont assignées.

Ainsi l'action éducative du proviseur et du censeur est entravée par un excès de besogne matérielle, purement administrative, due elle-même, soit au très grand nombre des élèves réunis dans un même établissement, soit à une paperasserie inutile, à la nécessité d'établir une correspondance compliquée pour le moindre des actes à accomplir à l'intérieur du lycée. Cette action se heurte aussi parfois à la résistance des familles, mal éclairées sur les véritables intérêts de l'enfant.

A la première de ces difficultés on pourrait parer en associant au proviseur un nombre de censeurs proportionné au nombre des élèves internes ; à la seconde, en simplifiant sa besogne administrative ; et le premier moyen de simplification serait de laisser à chaque établissement une autonomie relative, à son chef un droit d'initiative qui lui permettrait de ne pas toujours remonter jusqu'à l'inspecteur d'académie, au recteur ou au ministre avant de rendre exécutoire une décision très simple et qui n'intéresse que sa maison. Enfin cette initiative, jointe à une amélioration dans la situation matérielle des proviseurs, à un choix très attentif qui permettrait de ne prendre que des hommes faits pour la fonction, ou de ne maintenir que ceux-là, aurait aussi pour effet d'atténuer la dernière des difficultés signalées plus haut en donnant au proviseur, avec plus d'autorité morale et plus d'influence au dehors, le droit et le pouvoir de se faire écouter par les familles.

Quant aux surveillants généraux, leur action serait accrue par un recrutement plus attentif; il faudrait, pour remplir cette fonction, faire un choix intelligent des répétiteurs les plus actifs, et les plus aptes à prendre de l'autorité sur les élèves. On devrait aussi sans doute relever encore la situation matérielle des surveillants, et, en leur donnant ainsi une autorité incontestée, écarter toute cause de conflit entre eux et les répétiteurs qu'ils ont à diriger.

Les améliorations sont rendues plus difficiles et sans doute plus lentes pour les répétiteurs eux-mêmes par la situation dont je parlais tout à l'heure. Mais ici encore beaucoup peuvent être obtenues tout de suite, et d'autres préparées dès maintenant.

Il faudrait sans doute avant tout, et pour tous ceux qui débutent, bien définir la fonction : fonction de surveillance qui doit surtout assurer la complète assimilation des conseils et des directions donnés par le proviseur et par les professeurs, et en même temps informer ceux-ci et celui-là de la nécessité de donner des conseils ou des avertissements, ou de l'effet produit par ceux qui ont été donnés. Parfois aussi, mais plus rarement, soit à cause de la jeunesse du personnel, soit surtout par ce qu'il est difficile à des hommes qui sont trop constamment auprès de l'enfant de conserver à ses yeux un prestige très grand, le répétiteur pourra par lui-même, et discrètement, exercer une action éducative directe. De toute manière sa fonction est une pièce essentielle de notre système éducatif ; il faudra toujours des hommes pour la remplir ; et il faut qu'elle soit remplie avec zèle et compétence par ceux qui en sont chargés ; il faut aussi qu'aux enfants devant lesquels se passe une grande partie de leur temps ces hommes donnent constamment de bons exemples, exemples de tenue et de travail, propres à inspirer le respect et à fortifier l'autorité. Il importe que cet objet très précis, très utile, nullement à dédaigner, de la fonction du répétiteur soit très exactement défini et proposé aux jeunes gens qui s'y destinent. Il est bon que la fonction elle-même soit principalement réservée à des jeunes gens méritants, occupés à préparer une carrière, quelle qu'elle soit, disposés à s'acquitter de leur tâche avec conscience, en récompense des facilités qu'on leur donne ainsi pour attendre en sûreté le moment où ils se seront fait une position stable. Il serait mauvais, par conséquent, de réserver le répétitorat (sauf peut-être dans les classes de grammaire) à des aspirants professeurs, plus mauvais encore de le présenter comme créant par lui seul des droits à d'autres emplois. Mais en revanche il serait bon d'y retenir par des avantages spéciaux ceux qui auraient montré le plus d'aptitudes à remplir leur tâche d'éducateurs, et de réserver à ceux-là les postes de surveillants généraux, souvent de censeurs, parfois de proviseurs.

D'un autre côté, s'il est impossible de corriger entièrement les erreurs qu'on a pu commettre à l'égard de ceux qui sont déjà entrés dans cette carrière, attirés par des espérances qu'on n'a pu satisfaire, il faut du moins chercher les moyens d'en atténuer les conséquences fâcheuses, en supprimant, par exemple, tout ce qu'il y a dans la fonction de désagréments inutiles (comme le coucher au dortoir même), en facilitant la communication et les relations entre répétiteurs et professeurs, ainsi que leur entente mutuelle par les conseils de classes, ou par d'autres moyens plus indirects, tels que l'installation de salles de réunions confortables dans les établissements universitaires.

Pour les professeurs enfin, bien des améliorations de détails pourraient encore être apportées à leur action éducative. En particulier, ils ont besoin d'être plus exactement renseignés qu'ils ne le sont d'ordinaire sur tout ce qui concerne leurs élèves ; souvent aujourd'hui ils sont, à leurs débuts, gênés par leur inexpérience, se trouvant placés sans transition aucune à la tête d'une classe et obligés de se tirer d'affaire tout seuls, sans autre appui que leurs propres souvenirs d'écoliers.

Pour remédier au premier de ces défauts, on leur donnera dans les conseils de classe un moyen facile et sûr de connaître l'opinion de leurs collègues, des répétiteurs, du censeur, du proviseur sur chacun de leurs élèves : on pourra aussi faciliter, au lieu de les décourager, comme il arrive, leurs relations directes avec les familles.

Pour ce qui est de la seconde difficulté, il est certain qu'aucun système ne fera de tous ceux qui enseignent de parfaits éducateurs ; il n'existe aucune recette infaillible pour obtenir ce résultat. Mais si l'on généralisait le stage que font déjà quelques candidats à l'agrégation, si on le rendait plus sérieux, dans la mesure où cela serait possible sans nuire à la bonne direction des classes où se ferait ce stage ; si enfin, à ses débuts, le jeune professeur était sérieusement aidé des conseils de ses chefs, soutenu et informé avant d'être noté et jugé, il serait facile d'épargner au débutant un certain nombre d'expériences fâcheuses ou trop longues ; et même, dans certains cas, de lui laisser reconnaître plus tôt qu'il n'est pas fait pour le métier de professeur et de l'amener à changer de direction pendant qu'il en est temps encore.

J'ai assez parlé des conseils de classe pour montrer quels avantages je verrais à la généralisation de cette institution, qui seule assurerait le concours de toutes les forces disponibles au lycée pour l'œuvre de l'éducation aussi bien que pour l'enseignement ; et je crois qu'en somme, sur tous les points que je viens d'indiquer, il est facile de s'entendre. L'Université attend ici de la bonne volonté des pouvoirs publics la réalisation plus complète des conditions qui lui permettraient d'accomplir pleinement la tâche éducative qu'on lui assigne, et qu'elle remplit déjà dans la mesure de ses forces et des moyens dont elle dispose.

## III

L'accord serait sans doute moins facile sur des réformes plus profondes, dont l'idée paraît prise en général à des principes tout différents de ceux que l'Université applique aujourd'hui, et qui ne semblent guère convenir à sa mission.

Parmi ces réformes on peut signaler les suivantes : celle d'abord qui consisterait à instituer pour tout le personnel des lycées et collèges une culture pédagogique générale, avec certificats spéciaux ou épreuves distinctes dans les examens, destinée à inculquer aux maîtres les principes et à leur faire connaître d'avance les moyens de l'éducation universitaire ; puis la création d'agents éducateurs distincts des professeurs, et qui seraient leurs égaux ou leurs supérieurs ; enfin la réglementation d'une éducation directe de la volonté fondée sur les jeux, sur les exercices physiques, et fortifiée par une sorte de prédication laïque confiée aux proviseurs et aux agents éducateurs.

Bien souvent ces projets restent assez vagues dans l'esprit de ceux qui les forment ; ils en parlent et ils en font l'éloge ; mais quand il s'agit de les préciser, ils se dérobent.

Il me semble cependant pouvoir dire qu'on ne peut les justifier pleinement que par deux principes qui sont, à mon avis, deux erreurs.

Le premier, c'est que l'éducation au lycée peut et doit se séparer de l'instruction, ou l'éducation morale de la culture intellectuelle ; que la volonté dans la vie valant plus que l'intelligence, doit être aussi tenue au lycée pour supérieure ; qu'il faut dès lors organiser l'éducation de l'une comme on a organisé l'éducation de l'autre, et donner à la première le pas sur la seconde. L'enfant, qui doit être un homme, doit selon ce principe accomplir toutes les fonctions de l'homme dans le même ordre que l'homme.

L'autre principe, qu'il faut bien admettre, si l'on croit pouvoir appliquer le précédent, c'est qu'il existe pour l'action des axiomes absolus et très précis, qui non seulement nous aident à poser les questions, mais nous en donnent d'avance la solution ; et qui, par suite, doivent non pas seulement marquer les limites de l'œuvre éducative, mais en définir suffisamment l'objet et les fins : de sorte que pour former l'individu, l'homme, le citoyen, il faut commencer par formuler ces axiomes pour les inculquer aux éducateurs, et par eux aux enfants qui leur sont confiés.

Si l'on accepte ces deux principes, il est tout naturel que l'on conçoive l'éducation morale comme une tâche distincte, profondément différente de la culture intellectuelle et dont il faut d'abord définir et faire comprendre les principes spéciaux à ceux qui devront s'en servir, comme on définit et fait comprendre les principes de la pensée logique et de la science, quand on veut former l'intelligence : ce sera l'objet de la culture pédagogique. Mais aussi, puisqu'il s'agit d'une œuvre à part et infiniment plus importante que toute autre, il convient d'en confier la réalisation à des agents spéciaux, éducateurs, qui seront différents de ceux qui enseignent.

Enfin ces agents auront pour premier devoir de diriger selon les principes admis les actes de la vie scolaire et devront organiser en conséquence le système des jeux, des exercices physiques, afin d'éviter que l'enfant échappe quelque part à l'action de ces principes et que la mauvaise nature reprenne en lui le dessus ; et même, dès que cela sera possible, ils devront découvrir aux élèves la vision directe de ces principes, afin d'en affermir l'action, j'allais dire afin d'assurer le salut des âmes.

Tout cela, en principe, est fort beau, très séduisant, pour ceux du moins qui, sous forme de dogmes religieux, ou de principes métaphysiques, ou même de faits, pensent posséder une parcelle de l'absolue vérité. Mais je ne veux pas ici entrer dans une discussion philosophique à ce sujet ; je me borne à constater en passant que cette position n'est pas celle de tout le monde et que, dès que l'on sort des notions tout à fait générales et abstraites, des formules qui n'ont pas encore valeur pratique, directe, et qui sont communes à tous, ou encore de certaines tendances ou sentiments un peu vagues, qui auront aussi notre adhésion, mais non pas la fermeté nécessaire pour fonder une organisation quelconque, l'accord n'existe guère sur les dogmes, sur les principes et même sur les faits positifs de l'ordre moral et social : ce qui créera une première série fort importante de difficultés d'application de cette méthode, et, si on parvient à l'appliquer, la dénaturera singulièrement et l'affaiblira.

Mais je préfère considérer directement les nombreuses insuffisances pratiques qu'elle présente et qui suffisent, je crois, à la faire repousser même de ceux qui possèdent quelque croyance absolue ou quelque formule universelle et infaillible d'action morale.

D'une part, ce que les familles demandent surtout au lycée, c'est l'éducation intellectuelle, et il faut bien tenir compte de ce fait que même les familles des internes entendent souvent se réserver la haute main sur cette éducation morale directe dont on nous parle. Mais, cette éducation intellectuelle, il faut bien reconnaître que, si elle est ce qu'elle doit être, elle est aussi une éducation morale et une éducation de la volonté et que nous ne pouvons pas sans danger transporter dans la pratique courante les distinctions abstraites que le psychologue est conduit à faire pour la commodité de ses analyses ou le savant pour la clarté de sa recherche. Au lycée, on n'apprend pas seulement pour savoir et l'effort intellectuel est avant tout un effort ; l'admiration esthétique est avant tout l'éveil d'une conviction ; l'ordre et la méthode dans le travail sont par-dessus tout une discipline de l'esprit tout entier et de ses actes. Si l'enseignement devait être simplement une instruction munissant la mémoire d'un certain nombre de notions, il ne serait pas une éducation de la volonté ; mais il ne serait pas davantage une culture intellectuelle, et le propre de l'enseignement secondaire, lorsqu'on ne le fausse pas par une surcharge maladroite et par une intervention déplacée de science érudite, c'est d'être éducatif d'abord, et, au moyen d'un petit nombre de matières bien choisies, de cultiver l'esprit tout entier, la volonté comme le jugement et le goût.

Ce n'est pas tout ? il y a sans doute place au lycée pour autre chose que pour l'éducation intellectuelle ; et les différents actes de la vie scolaire fourniront bien souvent des occasions précieuses pour une éducation directe de la volonté : celle-ci se fera soit par l'exemple des maîtres, soit même par les actes de l'enfant, lorsque, par exemple, il sera mis à même d'accomplir déjà, dans la mesure de ses moyens, des actes de charité pratique ou de mutualité ; mais, s'il y a là des éléments très importants de l'éducation, ils ne peuvent tenir que très peu de place dans la vie de l'enfant ; et nous ne devous pas oublier surtout qu'ils ne doivent pas recevoir une organisation trop constante et trop formelle ; et qu'il est surtout important, en dehors de la classe ou de l'étude, de donner du loisir à l'enfant, de le laisser être lui-même et se faire par lui-même. L'organisation des jeux, la perpétuelle direction des actes, la présence permanente de l'homme fait et surtout de l'homme pénétré de sa mission moralisatrice à côté de l'enfant, est pour l'enfant bien doué une insupportable tyrannie, et pour l'enfant ordinaire un obstacle insurmontable au développement de son initiative, une cause de stérilité et d'inertie morale.

Il faut persuader à l'enfant qu'agir est le but de sa vie ; il faut surveiller son action et le conseiller ; mais il est bien plus important encore de lui donner l'occasion, le goût et l'habitude d'agir ; et il ne faut pas se dissimuler que, si on veut lui donner tout cela par des moyens simples, appropriés à son âge et qui ne risquent pas de produire l'effet contraire à celui que l'on cherche, il n'existe guère au lycée d'autres moyens qui satisfassent régulièrement à toutes ces conditions que ceux qui constituent l'éducation intellectuelle, que cette forme de l'effort volontaire qui est l'effort de l'intelligence, le travail de l'imagination et de la réflexion sur des sujets simples, accessibles à la pensée, intéressants pour l'âme de l'enfant.

Je crois donc que, même en attachant, comme je le fais, à l'action une valeur infiniment plus haute qu'à n'importe quelle spéculation, il suffit que l'on veuille bien regarder de près aux conditions propres de l'éducation, songer à l'âge de l'enfant, à la nécessité morale de le laisser souvent à lui-même et de l'appeler à l'action par des moyens qu'il puisse comprendre, enfin à la haute valeur morale d'une éducation intellectuelle bien comprise, je crois qu'il suffit de penser à tout cela pour conclure qu'en dehors de l'éducation intellectuelle il y

aurait danger à organiser régulièrement et d'une façon
continue dans nos lycées un autre système de procédés
éducatifs.

La vie scolaire fournit assurément à l'éducateur
d'autres occasions que celles que donne l'enseignement,
mais elle les fournit d'une façon irrégulière, discontinue, exceptionnelle et qui doit, pour le bien moral de
l'enfant, demeurer exceptionnelle, discontinue et irrégulière, qui par conséquent se concilierait mal avec la
présence au lycée d'agents spécialement chargés de
veiller à tout moment à l'éducation morale.

Au surplus, s'il s'agit des principes sur lesquels on
voudrait fonder cette éducation directe de la volonté,
il ne faut pas oublier que l'Université n'est pas une
Église et n'a pas à imposer de *Credo*, même purement
métaphysique. La laïcité de l'État consiste en ce qu'il
fait abstraction de tout dogme et, quand il enseigne, il
doit éviter d'imposer, en guise de vérités nécessaires,
les préférences souvent bien variables et peu consis-
tantes de tel ou tel groupe ou de tel ou tel parti. Les
idées communes, pour qui veut préparer les générations de demain à se diriger d'elles-mêmes au mieux
de leur raison, plutôt que leur imposer d'avance les
habitudes et les faiblesses de leurs devancières, les idées
communes sont celles qui se dégagent naturellement
de tout exercice sincère de la pensée, et c'est une peine
bien inutile et un danger de prétendre commencer par
les définir, parce qu'on leur donne alors une rigidité
qui les dénature et qui risque d'en fausser l'application.
La neutralité de l'enseignement universitaire réside
précisément en ceci que les idées générales et les faits
positifs y ressortent naturellement de la recherche im-
partiale, au lieu de s'imposer dogmatiquement à l'avance
à des esprits qui ne sont pas préparés à les comprendre,
et qui ne peuvent alors les voir dans leur souplesse
réelle et dans leur adaptation aux différentes circonstances

de l'action. Si c'est pour tout homme un avantage incontestable d'avoir une personnalité forte, d'être maître de soi, s'il est par là rendu plus capable, selon ses tendances propres et ses convictions, soit de maintenir sa raison et sa volonté sans cesse ouvertes à une vérité toujours relative et progressive, soit de les incliner devant quelque croyance absolue et immuable, on peut dire que, par sa neutralité même et par son souci de fortifier l'intelligence et la volonté, l'enseignement universitaire est acceptable à quiconque réfléchit, et bon pour tous les esprits, quels que soient leur foi et leurs principes, et même s'ils n'en ont point d'absolus. Hors de là il ne pourrait que s'affaiblir et n'aurait plus aucun droit à s'adresser à ceux qui n'appartiendraient pas d'avance à la petite chapelle dont il exprimerait le *Credo* particulier.

Qu'on ne dise pas d'ailleurs qu'une telle éducation, celle qui vise à former le jugement, à fortifier la volonté, est une éducation qui se fait à vide et qui reste toute formelle. Elle se fait toujours sur des idées et sur des sentiments, dans des cas particuliers ; elle s'appuie donc toujours sur des réalités, ou du moins sur ce que l'intelligence de l'enfant peut saisir de ces réalités, sur ce que peut être pour lui la réalité des choses ou des pensées. Au contraire, ce n'est pas exercer le jugement ou la volonté que de les placer d'abord devant des idées ou des faits soi-disant nécessaires et de contraindre l'un à se les assimiler, l'autre à s'y soumettre ; et c'est bien une contrainte que l'action qui s'exerce par des formules générales sur des enfants qui ne peuvent encore les ramener à leur valeur particulière ou en saisir l'utilité pratique, parce qu'ils ne connaissent pas la vie.

Même, à la fin des études, dans la classe de philosophie, lorsque l'esprit déjà plus mûr peut recevoir des formules sans être comme accablé par elles, lorsqu'il est devenu capable de réfléchir sur les idées générales qu'on lui propose, même là le maître n'a pas à présenter une doctrine indiscutable, mais plutôt à fournir une base solide à la réflexion du jeune homme ; et là encore il agira surtout par l'exemple qu'il donnera d'une pensée sincère et convaincue, toujours difficile pour elle-même.

Ainsi nous n'avons pas à professer de principes limitatifs et tyranniques, acceptables aux uns, contestés par d'autres : et quant aux idées sur lesquelles tous les hommes de réflexion et de bonne foi sont déjà d'accord, aux principes que l'Université dès longtemps connaît et professe et qu'il est bien inutile de lui révéler aujourd'hui, quant aux conditions générales qui font l'individu, le citoyen, l'homme, et aux conditions de vie plus spéciales à notre temps et à notre pays, ce n'est pas en les formulant d'abord abstraitement que nous les ferons connaître : c'est en les faisant découvrir à chaque instant sans apprêt, sans raideur didactique, dans tout ce qui forme la matière de nos enseignements ou dans les diverses circonstances de la vie scolaire.

Pour nous assurer de cette forte éducation morale, il ne faut point chercher à organiser une culture pédagogique spéciale des maîtres : il ne faut point séparer l'œuvre d'éducation morale de l'œuvre de culture intellectuelle et vouloir organiser la première en dehors de la seconde en créant une catégorie d'agents éducateurs. Il ne faut pas enfin rédiger un formulaire moral qu'on enseignerait aux élèves après l'avoir imposé aux maîtres, ni même généraliser la pratique des sermons laïques. Toutes ces réformes seraient non seulement inefficaces, mais dangereuses.

Il nous suffira de réclamer des réformes plus simples et plus discrètes, destinées à améliorer l'éducation morale diffuse qui se donne continuellement dans la classe et, par intervalles, hors de la classe, en permettant à tous, et principalement au proviseur, aux professeurs, aux répétiteurs, de remplir leur tâche sans entrave et de mettre en commun la connaissance que chacun peut avoir de l'enfant, afin que l'expérience des uns vienne compléter à chaque instant celle des autres.

Enfin, si l'on veut donner à chacun la vision de plus en plus claire de son rôle et si l'on juge que des instructions même très sages ne peuvent suppléer aux réflexions que des maîtres éclairés seront en état de faire eux-mêmes, il faut se préoccuper de munir tous les maîtres non de systèmes tout faits, mais d'une solide culture philosophique : c'est-à-dire tout simplement qu'il faut leur donner les moyens de critiquer toujours et de dominer leur tâche propre, en la comparant à toutes les autres, et les amener à ne jamais perdre de vue le but supérieur de toute l'éducation et de tout l'enseignement, qui est de conduire peu à peu ces âmes d'enfants à devenir par leur propre effort des âmes d'hommes.

C'est là une œuvre en partie ébauchée déjà et qu'on peut perfectionner encore. C'est la seule qui soit conforme aux conditions de l'éducation universitaire et j'ajoute qu'à mon avis c'est la seule qui vaille la peine d'être poursuivie.

Séance du 20 décembre 1900.


### DISCUSSION

M. Croiset, président, rappelle les conclusions de M. Bernès sur les principes généraux de l'éducation morale.

M. Belot estime que la conception que M. Bernès se fait de ce que doit être l'enseignement de la morale est insuffisante. M. Bernès paraît craindre que, si on cherche une doctrine morale, on ne tombe dans une morale appuyée sur un *credo*; il pense qu'il faut choisir entre une culture toute générale et formelle de l'effort et un *credo*. Or, c'est là une erreur. On a cru longtemps, en effet, que la convergence des efforts sociaux ne pouvait se fonder que sur un *credo*; et cette idée se retrouve même encore chez des penseurs comme Auguste Comte. Mais aujourd'hui, les bases de l'unité sociale se modifient: et on arrive à concevoir un état laïque, positif, où la convergence est fondée sur des principes pratiques et non sur l'homogénéité des croyances. On conçoit que des hommes s'associent pour des tâches communes sans avoir des croyances identiques; la discipline sociale devient quelque chose d'extérieur, dont on ne cherche pas le fondement dans les croyances.

C'est une idée du même genre qui doit nous guider dans la question de l'éducation morale. On ne concevrait pas bien comment le lycée pourrait apporter une doctrine toute faite. Mais nous devons concevoir la possibilité d'enseigner une morale laïque fondée sur les nécessités sociales seulement : il y a des convictions pratiques et positives qu'il faut fortifier et rendre indépendantes de toute métaphysique ; et c'est cette idée, que la morale repose sur une *doctrine* philosophique générale et abstraite. qui fait le caractère utile d'un enseignement moral.

M. LALANDE trouve que M. Belot fait encore trop de concessions à M. Bernès ; M. Belot paraît admettre qu'il ne faut pas de vues philosophiques communes à la base de l'enseignement de la morale et que l'unité des principes n'est pas nécessaire à cet enseignement. Il est bien certain que la morale universitaire ne peut se faire de formules extérieurement imposées : mais si l'unité imposée est mauvaise, il n'en n'est pas ainsi de l'unité qui se fait par l'accord de ceux qui pensent.

La question est donc de savoir si l'on peut trouver des idées communes en dehors de celles que promulgue une autorité ? Or, cela est possible. Il y a des principes moraux sur lesquels on peut s'accorder. il y a des dogmes scientifiques, et la morale n'échappe pas à cette loi que tout le monde reconnaît s'il s'agit de la science.

Faut-il laisser ces principes se formuler d'eux-mêmes ? Non ; il faut trouver les formules communes qui les exprimeront ; et ces formules, on ne les trouve pas en s'enfermant chacun chez soi. Le développement individuel de chaque esprit n'a d'intérêt que pour aboutir à une convergence.

Ces formules elles-mêmes devront être modifiables avec les progrès de la pensée morale ; mais elles sont nécessaires à chaque moment.

M. BELOT se rallie à ce que dit M. Lalande ; en parlant des conditions positives de la morale et en demandant la laïcité de la morale fondée sur les réalités sociales, il n'a pas fait autre chose que constater l'existence de ces principes communs dont vient de parler M. Lalande. Les principes sont nécessaires si ce sont des principes scientifiques. Soient, par exemple, les droits de l'homme ; on en peut donner une interprétation sociologique positive, en dehors de toute métaphysique, on pourra donc les formuler, et s'appuyer sur eux, dans l'enseignement de la morale, comme sur des vérités sociologiques positives.

M. Berxès estime que les objections qu'on vient de lui faire ne portent pas contre ce qu'il a dit. Il n'a pas soutenu qu'il fût impossible de se mettre d'accord sur un certain nombre de vérités morales ; il est persuadé, au contraire, que le nombre des points sur lesquels l'accord est réalisé est très grand. surtout s'il s'agit des principes généraux. Il n'a pas dit non plus que l'éducation morale dût se faire à vide en dehors des questions réelles et des idées propres des maîtres, et dût être une culture formelle de la volonté abstraite ou du jugement en général.

Mais il a voulu montrer que dans l'enseignement secondaire, non pas seulement dans la classe de philosophie où l'enseignement de la morale est donné explicitement et directement, mais partout ailleurs où l'éducation morale joue un grand rôle, il serait mauvais, contraire aux conditions et à l'objet propre de l'Université de partir de certaines formules et de présenter ces formules aux maîtres comme la base nécessaire de leur enseignement. Il a soutenu qu'en procédant ainsi on substituerait à la culture de la personnalité, qui, s'il y a des vérités communes, doit les retrouver par son propre effort, et ne les saisit bien que dans ces conditions, une contrainte sur les âmes qui les rendrait impropres à l'effort personnel, incapables et de modifier les idées en les faisant progresser, et même de saisir par le dedans et de penser vraiment celles qu'on leur aurait ainsi inculquées. Il a soutenu que l'effort des maîtres doit être avant tout, — sur les idées, quelles qu'elles soient, qu'ils enseignent, — d'éveiller la réflexion, le jugement, la volonté propre de l'enfant, non de lui proposer des formules scientifiques ou non, qui seraient des formules toutes faites, et des solutions *à priori* pour toutes les difficultés. Il a soutenu enfin que, par suite, ce serait aller à l'encontre du but poursuivi que de former les maîtres selon cette méthode en exigeant d'eux une culture pédagogique qui consisterait à les nourrir de ces formules, et à leur recommander d'en user.

Avant la classe de philosophie, la culture morale doit rester discrète et diffuse, et elle n'admet pas ces formules ; en philosophie, où l'enseignement de la morale est explicite et direct, il n'est pas d'ailleurs le tout de la culture morale et ne doit pas être présenté comme autre chose qu'un ensemble de suggestions et d'invitations à penser et à faire effort pour chercher le meilleur.

Au reste, ce que viennent de dire MM. Belot et Lalande semble indiquer qu'au fond ils ne sont pas loin d'admettre ces idées, puisque l'un a pris soin de condamner tout ce qui ressemble à un credo et que les réalités positives et les vérités scientifiques sont choses relatives et progressives, que des formules n'expriment pas dans leur fonds ; et puisque l'autre a rejeté expressément l'idée de réaliser l'accord des maîtres du dehors par une doctrine officielle et a simplement exprimé l'idée très juste que des échanges de vues et des discussions entre les professeurs peuvent être fort utiles pour dégager tout ce qu'il y a d'accord entre eux sur les vérités morales et faire que leurs enseignements soient très ordinairement de même sens, ou que les différences en soient diminuées.

Seulement, tout cela ne lui paraît pas conciliable avec l'établissement d'un formulaire, et la liberté de recherche, qui doit être laissée aux maîtres, doit également être provoquée chez les élèves par les maîtres; ce qu'on ne pourrait guère espérer si l'on commençait par faire apprendre à tous un même catéchisme comme premier fondement de l'éducation morale.

M. Lalande maintient qu'il n'est pas inutile de formuler les idées sur lesquelles on est d'accord: il ne faut pas exagérer les bienfaits de la liberté individuelle; elle est absolument nécessaire en tant que moyen de réaliser le libre accord entre les esprits, et de s'affranchir de l'autorité. Mais rien n'est plus dangereux que d'en faire un but en soi, ce qui amène à renoncer à la vérité par amour de la variété.

M. Cahen demande à poser la question dans la pratique et non dans la théorie, comme paraissent faire les précédents orateurs. Quand on entre dans une communauté religieuse ou dans une association politique, on sait d'avance que l'on est d'accord avec ses co-associés sur des questions de principe. Est-ce que, au moment où le professeur entre dans l'Université, on exigera de lui une doctrine morale, quelle qu'elle soit? et si son enseignement n'est pas conforme à cette doctrine, pourra-t-on lui adresser quelque critique pour cette raison?

M. Boudhors. — Nous avons entendu une discussion entre professeurs de philosophie, qui se sont placés au point de vue du professeur de philosophie. Mais il s'agit ici d'une éducation morale qui commence au moment où l'enfant entre au lycée, et qui se poursuit jusqu'au terme de ses études. Si l'on apporte à l'enfant des formules morales dès le début, il est difficile qu'il ne les considère pas comme des règles auxquelles il devra se conformer et qui, à la façon d'un catéchisme, lui dictent la conduite à suivre. Mais alors, comment pourra-t-on l'habituer à penser par lui-même, à se faire une moralité intérieure ?

Le jour où ces formules, qui changent, lui paraîtront insuffisantes, quand il sera devenu jeune homme et qu'il sera pris d'un doute, que lui restera-t-il, puisqu'il n'aura pas la moralité intérieure, ni la possibilité de s'en faire une ?

L'Université n'a pas le droit de risquer ce danger; elle doit former l'être moral, l'individu, quelles que soient d'ailleurs les croyances qu'on lui donne; elle doit former un esprit qui apportera partout, dans toutes les doctrines, sa moralité intérieure, sa force individuelle.

M. BELOT. — M. Boudhors pense, avec raison, que nous ne devons pas asseoir la moralité sur une doctrine, afin d'éviter d'être responsables des crises morales qui pourront se produire chez le jeune homme. Mais, pour ma part, loin de prendre la défense d'une morale doctrinaire, j'ai, au contraire, demandé qu'elle devînt positive. Notre génération est revenue de l'erreur qui consiste à suspendre la morale à un dogme. Nous voulons que la morale se suffise à elle-même: qu'elle se rattache à la vie au contact de laquelle l'humanité l'a formée. Il y a, en fait, une entente morale: il y a des idées morales qui ont une valeur réelle en dehors des doctrines: et c'est de cette morale que les congrès de professeurs ou autres ont demandé que s'inspirassent nos programmes.

M. CAHEN demande si l'on imposera aux professeurs un credo; or, nous ne le voulons pas; nous voulons former des citoyens, ce n'est pas là un dogme auquel on puisse se soustraire, c'est un fait qui s'impose de lui-même; et nous voulons amener les intelligences à faire leur choix librement entre les doctrines qui s'offrent à elles, avec les qualités scientifiques qui font que la réalité est préférée naturellement à ce qui est illusion.

M. BOURDON fait observer qu'il s'agit d'enfants, et qu'on ne peut leur demander de choisir entre des solutions qu'on leur exposerait *ex professo*.

M. BELOT. — Chez les enfants, ce sont des sentiments qu'il faut éveiller, non des idées générales ; mais la méthode est la même, il s'agit de ne pas faire dépendre l'éveil des sentiments moraux de l'établissement d'une croyance.

M. CAHEN. — Si la doctrine universitaire consiste seulement en ceci, qu'on doit élever les enfants pour en faire des citoyens, tout le monde est d'accord. Les difficultés commencent au moment où l'on veut préciser davantage. Là où il y a plusieurs solutions, plusieurs doctrines, doit-il y avoir une doctrine universitaire que l'Université enseignerait à l'exclusion de toute autre ?

M. MALAPERT. — La question deviendrait plus claire, si l'on distinguait entre la doctrine que le professeur expose à ses élèves et celle que l'Université imposerait à ses professeurs. Il est évident que, sur bien des points de morale pratique, tout le monde est d'accord. Mais au-dessus et au-dessous il doit y avoir un certain nombre de principes qu'il faut formuler pour justifier, expliquer ou appliquer ces règles pratiques ; soit ; — mais qui doit les formuler ?

Si l'on veut dire que le professeur de philosophie en particulier n'a pas pour droit et pour devoir de formuler devant ses élèves son opinion de la façon la plus complète, qu'il doit se borner à faire des appels à la liberté de pensée individuelle, à l'énergie et à la volonté, pour ainsi dire à vide, cela est certes tout à fait insuffisant : on ne fonde pas une éducation morale sur l'indifférence morale. Le professeur doit à ses élèves toute sa pensée, toute son âme d'honnête homme, de citoyen et de moraliste.

Mais si l'on veut dire, comme avait d'abord semblé le faire M. Belot, comme le disait M. Lalande, que ces vérités de fait, et les principes sur lesquels on les appuie, doivent être rédigés en formules communes, adoptées par tous les professeurs ou imposées à tous ; alors il ne s'agit plus de la doctrine du professeur, mais d'une doctrine universitaire qui formulerait ces vérités sociologiques positives. Où sera alors l'arbitre ? Qui nous mettra d'accord ? Qui rédigera le dogme, le catéchisme que nous aurons à répéter ?

Est-ce à dire qu'il n'y ait accord sur aucun principe ? Non ; il y a un point sur lequel nous serons tous du même avis : en dehors des vérités pratiques générales sur lesquelles tous sont d'accord, à une certaine époque et dans un certain état social, le rôle de l'Université, son rôle moral profond, c'est de donner par l'enseignement, par l'instruction, une méthode, un instrument de libération intellectuelle : c'est là l'œuvre d'unification sociale à laquelle on peut convier les professeurs, à condition qu'on ne leur impose jamais aucune autre formule qui limiterait leur action propre, qui les diminuerait moralement : on ne développe pas la personnalité chez autrui si l'on commence par abdiquer la sienne.

Nous devons former des convictions, à condition de ne pas fabriquer des croyances : c'est une thèse répandue dans certains milieux, qu'on doit imprimer petit à petit par une action continue dans les âmes des croyances qui seront d'autant plus actives qu'elles dépendront moins d'idées claires et viendront seulement d'habitudes : et l'on voudrait que l'Université fît ainsi. Mais ces croyances là ne résistent pas dans la vie à la nécessité de voir clair en soi. Notre véritable objet, c'est de rendre nos élèves capables de se former des idées, des sentiments moraux convergents : il faut que cette convergence vienne du dedans pour être efficace. C'est en libérant les âmes que nous préparerons le plus sûrement l'unité morale à laquelle on n'atteint pas par des formules, par des dogmes, par des métaphysiques.

M. Rocafort se demande s'il est besoin de tant de métaphysique pour faire d'honnêtes gens, de bons citoyens : il lui semble que c'est là un devoir auquel nous n'avons jamais failli. L'éducation morale, si l'on entend par là le goût du bien et du beau contracté au contact du professeur et de son enseignement, il y a longtemps que nous la donnons.

M. Rabier ne pense pas qu'il soit si inutile d'échanger des idées sur ces questions. Car, dans cet échange, on s'aperçoit que l'on s'entend tantôt mieux, tantôt moins bien que l'on ne croyait. Il voit, par exemple, de grandes différences dans les opinions émises par M. Rocafort et par M. Boudhors. M. Rocafort dit qu'il faut continuer simplement de faire ce qu'on fait déjà : il défend les formules traditionnelles. M. Boudhors semble vouloir exclure les idées et ne laisser subsister que les sentiments : il veut que l'on s'abstienne dans toutes les écoles de France de formuler des principes et que l'on ne fasse appel qu'à la liberté individuelle. Mais cela n'est pas possible, et les sentiments, d'ailleurs, ne sont jamais que l'expression enveloppée d'idées.

Lorsque M. Cahen demande s'il y aura une doctrine, un credo, un catéchisme universitaire, tout le monde répondra non. Mais n'y a-t-il pas cependant des idées, des principes, qui, jusqu'à ce jour, ont été généralement admis dans l'Université, qui ont fait son unité morale, sa force, son action comme éducatrice de la nation ? Ces principes, exprimés ou sous-entendus, sont le fond de tous nos programmes de morale. Par exemple, il semble qu'il y a une idée qu'on ne craindra jamais de formuler et de prendre pour base de l'éducation morale universitaire, c'est l'idée de patrie. Que fera-t-on donc si un professeur, d'ailleurs parfait honnête homme, enseigne l'internationalisme ? Ne faudra-t-il pas que cet homme quitte l'enseignement public ?

Et il y a d'autres idées analogues, d'autres principes, qui ont toujours été et qui doivent rester l'âme de l'Enseignement universitaire, tels que ceux formulés assez récemment par MM. Thamin et Darlu dans des articles de revues. Il semble que l'éducation conforme à ces idées, et par ces idées, soit en partie notre raison d'être.

M. BOUTROUX. — Il est évident qu'il y a des idées sur lesquelles on est d'accord : et je n'ai pas dit le contraire. J'ai dit seulement que, à l'âge où des enfants ne peuvent que recevoir passivement des formules, il ne faut pas leur en donner : ni une seule qui leur cacherait toutes les autres, ni toutes à la fois parce qu'ils ne pourraient choisir entre elles : mais il faut, par tous les exercices de la vie scolaire, développer chez eux, au contraire, le sentiment sincère de la personnalité : c'est tout ce que peut faire l'Université, et c'est déjà beaucoup. Elle n'a pas le droit d'imposer, subrepticement ou non, un système d'idées que les familles ne voient pas, et peuvent ne pas approuver. Plus tard, quand l'enfant a pris l'habitude de sentir, de penser par lui-même, en philosophie, il est plus apte à supporter le poids des divergences de doctrines ; et le professeur pourra les lui faire connaître, et lui donner sa pensée personnelle : mais, plus tôt, cela n'a pas d'utilité ; ce qu'il faut, c'est qu'il puisse, si sa pensée le veut, changer sa doctrine, sans changer sa moralité.

M. MALET demande si ceux qui parlent d'une doctrine morale universitaire croient qu'il y a quelque chose à changer à ce qui existe, et ce qu'ils proposent.

Il existe aujourd'hui un enseignement moral dogmatique donné en philosophie. Il existe aussi un enseignement moral général donné dans toutes les classes par les explications, par tout ce qui éveille l'intelligence.

Y a-t-il quelque chose de plus à faire ? Si oui, en quoi cela consiste-t-il ? Y aura-t-il un catéchisme universitaire ? Qui le rédigera ?

Il constate que quelques-uns ont paru incliner en ce sens, mais qu'ils n'ont parlé que d'une façon générale, sans indiquer rien de précis, ce qui revient à reconnaître que rien de précis ne peut être fait.

M. LE PRÉSIDENT résume la discussion. Elle a été très intéressante et instructive pour tous. Il n'était pas inutile d'aborder cette question, puisqu'elle s'est posée, en fait, hors de nous. On a dit que l'Université donnait l'instruction, non l'éducation. Il faut examiner jusqu'à quel point cela est vrai, et, si nous trouvons quelque chose à faire, nous tâcherons de le définir.

Or, il y a toujours quelque chose à faire.

On a opposé dans la discussion des opinions plus rapprochées peut-être dans le fond qu'il ne semblait d'abord : on est plus d'accord dans la pratique que dans les formules ; et, en formulant, on exagère toujours les oppositions.

En dehors des idées de détail, il y a un profit certain que tous retirent de la discussion : c'est de penser toujours davantage à ces questions-là : et cela est fort important pour tous, pour les professeurs de lettres, par exemple, qui, dans leur action personnelle, peuvent

faire une place plus ou moins grande à la morale. Un
professeur qui s'en occupe, et se pénètre de l'idée morale, a par là même beaucoup gagné. Plus nous nous
préoccuperons de cette question, plus nous sentirons
la difficulté d'arriver à une solution dogmatique, meilleurs éducateurs nous serons.

La discussion du rôle des différents agents de l'éducation est remise au jeudi 27 décembre.

Séance du 27 décembre 1900.

## DISCUSSION

M. Croiset, président, résume les conclusions de la précédente discussion.

On s'est trouvé d'accord pour reconnaître qu'il ne pouvait être question d'imposer un catéchisme à nos élèves. Il s'agit d'un enseignement formel : dans cette forme, les uns veulent mettre plus de matière ; d'autres craignent qu'en allant trop loin on n'empiète sur la liberté des familles.

Tout le monde reconnaît d'ailleurs une différence entre la classe de philosophie, où la discussion est plus libre et l'exposé des idées plus direct, et les autres classes, où il s'agit surtout de suggérer les idées morales. Dans ces classes, le professeur peut considérer comme une partie de son rôle de suggérer par son exemple, par son enseignement, tout ce qui, en matière de morale, est incontestable et accepté par tous. Dans ces classes enfin, il y a une préparation générale à suivre la classe de philosophie dans un esprit entièrement libre, qui est le véritable esprit scientifique.

En philosophie, la liberté du professeur dans l'exposé des idées doit être plus grande, en vue d'assurer la sincérité de l'enseignement, sous la condition du tact nécessaire chez le maître, qui doit exposer ses idées avec mesure et en évitant le ton de la polémique.

Sur tous ces points on a paru être d'accord, et c'est déjà beaucoup.

La discussion peut maintenant s'engager sur la question de savoir comment la tâche ainsi définie pourra se répartir entre les divers agents qui sont chargés de l'éducation ; et puisque les conférences suivantes mettent en lumière le rôle des professeurs, il conviendra de s'attacher surtout aujourd'hui à celui du proviseur et des répétiteurs.

M. Kortz est d'accord avec M. le Président sur le résumé qu'il vient de faire des tendances manifestées dans la dernière discussion : et il ajoute que ces tendances répondent bien à l'idée qui s'était fait jour lors de la discussion du programme même de cette enquête, dans le groupe chargé de l'organiser, ainsi qu'au titre de la première conférence : traditions et tendances de l'Université, choisi après une discussion très approfondie de préférence à d'autres, tels que : doctrines, théorie, principes de l'éducation universitaire.

Arrivant à la question plus spéciale qui se pose maintenant, M. Kortz fait remarquer que M. Bernès s'est surtout étendu sur le rôle de l'agent essentiel de l'éducation, du professeur, sur ce qu'il est et doit être, et qu'il a surtout parlé des autres agents à un point de vue historique.

Or, on peut être frappé ici d'un écart qui existe entre la théorie dès longtemps énoncée et la pratique actuelle. Le principe de direction longtemps recommandé aux chefs d'établissement, à tout le personnel, était un principe d'autorité. Ce principe a eu ses partisans et aussi ses détracteurs. Il a été battu. La question est de savoir si, en l'abandonnant tout entier, on n'a pas renoncé à certains avantages qui s'y rattachaient, si on n'a pas renoncé à ce système avant d'avoir pris le temps d'y substituer un autre système qui pût le remplacer.

On a laissé, semble-t-il, un vide entre le système du passé, qui a disparu, et le système de l'avenir, qui ne s'est pas encore complètement défini.

Ainsi, considérons le proviseur. Son action propre est restée la même ; il existe les mêmes contacts entre lui et les professeurs ou les élèves. Mais, cette action, il doit pouvoir l'exercer indirectement par d'autres agents, qui sont les intermédiaires de chaque instant entre lui et les élèves ; or, de ce côté, son action a été en grande partie détruite : en faisant disparaître un agent qui existait autrefois, il aurait fallu le remplacer par un autre qui jouât le même rôle. De tout cela résulte dans la situation actuelle un certain désarroi. Il y aurait d'abord à assurer les conditions générales du gouvernement d'un établissement ; sinon, l'action isolée des agents restera imparfaite. Et puis, il faudrait déterminer les attributions et assurer le concert de ces agents pour obtenir le maximum d'effet.

M. LE PRÉSIDENT. — M. Kortz vient d'indiquer que les agents internes sont moins qu'autrefois dans la main du proviseur. Il y a, semble-t-il, encore une autre question à poser : l'action du proviseur subsiste : dans quel sens, dans quelle mesure peut-elle s'exercer sur les élèves ? Quelle est son importance relativement à celle du professeur ? On a, par exemple, au dehors, parlé de sermons laïques : faut-il diriger l'action des proviseurs en ce sens ?

M. KORTZ. — La portée de l'action du proviseur dépend de certaines circonstances. Ainsi, elle est plus efficace dans des établissements d'une population réduite : là, en effet, le proviseur connaît personnellement mieux les élèves : les connaissant mieux, il peut mieux les diriger, en respectant leur personnalité. La tentation qu'ont eue certains proviseurs d'agir par simple répression s'explique par le trop grand nombre des élèves.

Les relations directes du proviseur avec les élèves ont

beaucoup de portée : elles permettent d'épargner l'amour-propre de l'élève, qui est blessé par des observations faites devant ses camarades : elles permettent aussi de donner à ses observations une signification plus particulière. Le proviseur peut, après chaque entretien, prendre note de ce qui a été dit, et se servir de ces notes pour voir où l'élève en est une autre fois, marquer ses progrès ou ses chutes. Cette pratique, qui est sans éclat, tout intime, a une grande influence pour la direction morale de l'élève : mais elle n'est pas compatible avec une population scolaire nombreuse.

L'action du proviseur enfin gagne à être accrue par la collaboration des professeurs ; mais, pour que cette collaboration s'établisse tout à fait utilement, il faudrait que les établissements eussent une certaine autonomie et que le concert des forces pût s'y établir dans les conditions les meilleures.

M. MALET. — L'action du proviseur est bonne, parce qu'elle vient de haut et s'impose fortement à l'élève ; mais, comme l'a dit M. Kortz, il faut, pour qu'elle s'exerce, qu'il y ait peu d'élèves : et cette condition n'est guère réalisée aujourd'hui dans les grands lycées : il est pratiquement impossible qu'elle se réalise.

Pour l'appuyer et la fortifier, il faudrait pratiquer partout l'usage des conseils de classe, des réunions de tous les professeurs d'une classe sous la direction du proviseur, pour examiner l'état de la classe, les progrès de chaque élève. A la suite de ces réunions, le proviseur pourrait faire appeler les élèves pour leur distribuer les éloges ou les réprimandes. L'action éducative serait ainsi développée. Ces conseils existent dans certains établissements ; il faudrait qu'ils fussent la règle et non l'exception.

M. LALANDE a constaté aussi la très grande utilité

de ces conseils : mais il faut qu'ils deviennent obligatoires, et pour cela qu'ils entrent en compte dans le service régulier des professeurs : si on les laisse à la bonne volonté de chacun, ils ne se feront pas, ou se feront mal, puisque quelques-uns seulement des professeurs y assisteront.

M. Kortz. — Il est désirable que ces conseils de classe soient organisés partout. Il faut dire cependant qu'il y a dès maintenant des réunions qui y suppléent en partie : ce sont les réunions faites en vue de préparer les bulletins trimestriels ou bi-trimestriels, à la condition que ces réunions ne comprennent pas à la fois tout le personnel, mais des groupes de classes seulement. Dans ces réunions il peut être question de chaque élève ; et les appréciations des différents maîtres se complètent et se rectifient.

M. Strowski. — Il ne faut pas confondre l'action des conseils de classe avec l'action du proviseur. Le conseil de classe dit à l'enfant ce qu'il fait dans la classe. Le proviseur se place à un autre point de vue, au point de vue moral. Il doit parler ici en son nom personnel.

M. Bouchors est aussi d'avis que la question des conseils de classe laisse de côté le rôle du proviseur, et que ces conseils ne peuvent lui donner un surcroît d'autorité. La question est celle-ci : le proviseur peut-il exercer une influence morale quotidienne sur ses élèves ? En 1899, la *Société pour l'étude des questions d'enseignement secondaire* s'était posé cette question, et différents systèmes y avaient été proposés pour accroître l'action morale du proviseur ; quelques-uns avaient proposé d'instituer des directeurs d'études qui s'occuperaient d'élèves appartenant à plusieurs classes :

on avait trouvé des difficultés à ce système, qui ferait à
ces directeurs d'études une situation parfois difficile entre
le proviseur et les professeurs. Cependant on avait
pensé que, là où les lycées sont nombreux, un remède
serait nécessaire. Proposer un maximum dans l'effectif
des lycées avait paru pratiquement impossible. Mais
on s'était arrêté à cette idée qu'on pourrait adjoindre
au proviseur, là où cela serait nécessaire, un ou deux
censeurs de plus, chargés chacun de la direction d'une
partie des élèves, pouvant suppléer le proviseur ou le
renseigner avec précision sur chaque élève pour les cas
où son intervention est utile. C'est de ce côté qu'il
faut chercher ; il faut distribuer les tâches de façon que
le proviseur puisse être le tuteur de tous les élèves de
sa maison ; il faut alléger sa tâche si elle est trop considérable, en lui donnant un nombre suffisant d'auxiliaires directs.

M. LE PRÉSIDENT. — De la discussion, quelques idées
importantes se dégagent : à côté de l'action du professeur, il y a l'action du proviseur. L'action du professeur est plus prochaine : c'est celle d'un ami plus
âgé. Elle n'est pas continuelle. Celle du proviseur est
plus intime ; elle est analogue à celle du chef de la
famille sur ses enfants.

Les conseils de classe sont utiles, mais il faut aussi
un moyen d'assurer l'action directe des proviseurs, là
où les élèves sont trop nombreux : et, pour cela, on
propose d'associer au proviseur des collaborateurs qui
aient aux yeux des élèves presque la même autorité
que le proviseur, qui par suite ne soient pas trop près
d'eux. Enfin il faudrait aussi, sans doute, décharger le
proviseur de certaines occupations trop absorbantes.

M. MALAPERT insiste sur ce dernier point. Il ne
croit pas beaucoup au danger qui viendrait du trop

grand nombre des élèves ; car il ne faut pas oublier que c'est surtout sur les internes que doit s'exercer l'action éducative du proviseur ; et bien rares sont les lycées où les internes sont extrêmement nombreux. C'est par d'autres procédés qu'il faut assurer au proviseur le temps d'exercer ses fonctions. Il faut le débarrasser de l'abus de la paperasserie. Aujourd'hui, une bonne partie de son temps se perd à faire passer du haut en bas, et inversement, des circulaires, des rapports, des notes, à donner son avis sur tout cela ; — c'est une besogne en grande partie tout à fait inutile.

Pour un simple déplacement de classes, il faut des rapports innombrables et, outre le temps perdu, les modifications nécessaires entravées ou rendues impossibles, on enlève par là au proviseur le moyen de se consacrer à sa tâche vraie, qui est l'éducation des élèves.

En dehors de cette besogne matérielle, le proviseur, avec le concours des conseils de discipline, avec les renseignements des conseils de classes, s'il a conscience de son rôle, a le temps et les moyens d'exercer son action éducative ; il ne lui manque que l'initiative. Malheureusement, on se défie trop de lui, on le dépouille d'une trop grande partie de son autorité et de sa responsabilité en le dépossédant d'une trop grande partie de son autonomie .

M. le Président. — Il y a là des remarques très justes, et qu'il est très important de faire connaître au dehors.

M. Kontz. — M. Malapert a montré que le proviseur serait plus libre de remplir sa fonction dans un établissement plus autonome. Il faudrait surtout chercher le remède dans quelque décentralisation. Souvent, la besogne peut se faire par d'autres que par le proviseur : on demande un rapport sur tel ou tel enseignement, il est naturel d'en charger l'un des professeurs qui le donnent.

M. le Président. — A côté de la question du rôle des proviseurs, sur laquelle on vient d'échanger de si intéressantes observations, il y a celle des répétiteurs, à laquelle on n'a pas touché ; faut-il, comme on l'a demandé, créer ici une catégorie spéciale d'agents éducateurs ?

Pour ma part, je ne crois pas à l'utilité de faire du répétitorat une carrière spéciale, consacrée à l'éducation. Un maître d'étude jeune, cherchant à préparer une carrière, a des chances d'avoir plus d'action que le répétiteur qui se sera confiné dans des fonctions très honorables, mais que les élèves ne revêtent pas du prestige indispensable pour exercer une action sérieuse.

L'action du répétiteur est grande : elle est intime ; elle est d'autant plus forte que le répétiteur donne davantage l'exemple du travail et de la volonté.

Les éducateurs, c'est le proviseur, qui, dans l'internat, joue le rôle du chef de famille : et c'est, dans la classe, le professeur.

M. Kortz partage l'opinion de M. le Président. Le répétitorat ne doit pas être une carrière fermée. L'opinion, à ce sujet, a varié dans l'administration supérieure. On a changé de système. D'abord on a dit qu'il fallait traverser les fonctions de répétiteur pour arriver au professorat. Plus tard, on a changé d'opinion ; et à un certain moment les deux opinions subsistaient ensemble, l'une dans l'administration supérieure, l'autre dans celle des lycées.

Les partisans du répétitorat de carrière ne comptaient d'ailleurs pas toujours dans la partie la plus active du personnel : c'étaient plutôt des répétiteurs déjà mûrs, à qui manquait le ressort nécessaire pour préparer des examens, et pour qui il s'agissait souvent de s'assurer une carrière plus facile ; ainsi, des préoccupations trop souvent égoïstes se sont mêlées à ces réclamations. Quand l'âge arrive, le répétiteur reste malaisément bon. Il vaut mieux se ménager un rajeunissement dans le personnel.

M. RABAUD. — On serait injuste envers les répétiteurs si on ne les associait pas à l'éducation. Ils en ont le souci ; cette année même, ils ont tenu un congrès où ils ont discuté cette question, et la discussion a été des plus intéressantes. Ils ne s'en occupent pas seulement d'une façon théorique. Presque tous s'y intéressent pratiquement. Les professeurs exercent d'autant plus d'action sur les élèves qu'ils les connaissent mieux : cette connaissance des caractères leur sera facilitée par le répétiteur, qui observe les enfants une grande partie de la journée, qui peut exercer sur eux une action très pénétrante, qui, vu sa jeunesse même, devient plus aisément leur ami et leur conseiller.

Il faut donc associer les répétiteurs à l'éducation, favoriser les rapports du professeur et du répétiteur par les conseils de classe, à la condition que ces conseils ne soient pas organisés administrativement, mais surtout par le bon vouloir de chacun.

M. LE PRÉSIDENT ne croit pas être en désaccord avec M. Rabaud : il n'a nullement nié l'action éducative des répétiteurs. Il conçoit l'action des répétiteurs jeunes comme celle de camarades plus âgés. Mais il y a une autre conception, celle du répétiteur de carrière, du répétiteur âgé, qui ne serait plus un camarade, mais comme un substitut du père de famille. C'est cette conception qu'il a critiquée, acceptant la première, et désirant des répétiteurs jeunes, qui agissent avec les qualités de cœur et d'esprit auxquelles M. Rabaud vient de rendre hommage.

M. Bouilhac. — Ce sont les administrateurs, les professeurs de facultés qui sont responsables de la situation et des réclamations dont ils se plaignent. Ils ont dit au répétiteur : vous débutez, vous êtes jeune ; travaillez pour sortir du répétitorat. Les répétiteurs ont travaillé ; ils se sont fait recevoir licenciés, et ils attendent les postes qu'on ne leur donne pas.

M. le Président. — Nous traitons ici une question de doctrine : que doit être le répétitorat pour servir à l'éducation ? Nous n'avons pas à débattre les questions de personnes et d'intérêts. Si le mal qu'on vient de signaler existe, il faut en chercher le remède ; mais c'est là une question distincte de celle que nous examinons.

M. Bouilhac. — Il faut considérer les faits : vos théories se heurtent contre les faits. Les faits, c'est qu'il y a une foule de répétiteurs licenciés qui ne peuvent pas entrer dans l'enseignement : c'est un exemple qui décourage les débutants : et il faut bien alors qu'ils demandent à s'assurer un avenir dans le répétitorat, où on les enferme.

M. Kortz a dit, dans une déposition célèbre, que le répétitorat est un tunnel : mais d'un tunnel on finit par sortir, et on ne sort pas du répétitorat : on y entre comme on veut, on n'en sort pas.

Il y a quelque chose à faire pour les répétiteurs : il faut que l'Université leur donne le moyen de travailler pour le bien de l'Université.

M. Rocafort. — La question des répétiteurs est assurément, avec la question du principe de l'existence ou de la non-existence d'une doctrine universitaire, la plus importante de celles que nous ayons à soulever. Il lui est difficile de donner pleinement raison aux observations qui viennent d'être faites : mais il n'est cependant pas de l'avis de M. le Président.

Il ne faut pas s'attacher à une conception unique du répétitorat ; il faut que le maître y puisse trouver, selon ses goûts, ou une carrière ou un lieu de passage ; et l'on peut avoir dans le répétitorat des hommes âgés qui soient encore des hommes actifs.

L'amélioration la plus certaine à réaliser est celle dont parlait M. Rabaud, le développement des bonnes relations personnelles des répétiteurs et des professeurs ; la séparation tend à disparaître aujourd'hui.

Puis il faut relever la situation des répétiteurs vis-à-vis des élèves, et cela, en les associant plus étroitement à l'œuvre de l'enseignement, pour la récitation des leçons, l'explication orale des textes, la correction des devoirs. Sans doute, leur rôle ici reste subordonné ; mais il faut de la bonne volonté mutuelle, du côté des répétiteurs comme du côté des professeurs.

De plus, la carrière des répétiteurs ne peut être une impasse : il faudrait que l'administration leur fût ouverte, par exemple que tout répétiteur pût espérer arriver au censorat, ou même dans certains cas au provisorat.


M. le Président. — Il est certain que le répétiteur doit exercer une influence morale, et tout le monde reconnaît aussi qu'il doit avoir d'excellentes relations avec les professeurs, qu'il peut devenir dans certains cas un très bon censeur. La question est de savoir si, d'une manière générale, on doit concevoir le répétitorat plutôt comme une carrière ou comme un lieu de passage ; il semble qu'il y ait des inconvénients à l'organiser comme une carrière ; et, en tout cas, il ne faut pas con-

fondre l'étude des moyens propres à parer à des difficultés momentanées, à répondre à des besoins individuels ou à utiliser des capacités supérieures, avec
la recherche des conditions idéales de l'organisation de
l'éducation morale au lycée. A ce dernier point de vue,
il ne paraît pas utile de créer au lycée une catégorie
spéciale d'agents, qui, en dehors du proviseur et des professeurs, auraient pour mission de veiller à l'éducation
morale.

# IV

Séance du 10 janvier 1901.

## L'ÉDUCATION MORALE PAR LES CLASSES

### CLASSES ÉLÉMENTAIRES ET PRIMAIRES.

*Rôle de la femme dans ces classes*

Exposé fait par

### M. KOURTZ

Proviseur du lycée Montaigne.

L'enseignement renferme en substance — à l'état diffus — la matière de l'éducation morale. Il s'agit de l'en dégager.

Comment la femme s'acquitte-t-elle de cette mission dans les classes élémentaires et primaires?

C'est ce qu'on se propose d'examiner.

L'éducation morale par l'enseignement, d'une façon générale, a été définie dans les conférences précédentes; celle de M. Bernès, notamment, peut être considérée, à ce point de vue, comme la préface de celles dont on inaugure aujourd'hui la série. Le sujet à l'ordre du jour peut donc être abordé directement, sans préambule.

C'est par une femme, ce semble, qu'il aurait dû être traité. Nul, plus qu'elle, n'était compétent pour le faire : mais, mise en quelque sorte en péril de s'attirer des louanges en exposant l'œuvre où elle réussit si admirablement, elle se serait récusée. D'autre part, il était délicat de la faire suppléer par un professeur-homme — un rival. On a cru devoir s'adresser à un proviseur, comme à un arbitre désintéressé, en situation d'être bien renseigné, et on a choisi le plus âgé, dans la pensée qu'il aurait un plaisir plus particulier à vous entretenir des plus petits d'entre ses élèves — je voulais dire, ses enfants.

Pour mieux se rendre compte du rôle de l'institutrice, il convient peut-être de l'étudier sous les deux aspects principaux que rappelle son titre même de *professeur-femme*, et de considérer en elle, en la dédoublant en quelque sorte artificiellement :

1° Le pédagogue, c'est-à-dire l'émule et le collègue de l'instituteur ;

2° La femme, c'est-à-dire l'associée de la mère.

De là, pour notre sujet, deux parties distinctes :

1° Un chapitre de pédagogie descriptive ;

2° Un autre, de pédagogie psychologique.

Voyons-la tout de suite à l'œuvre dans son premier rôle, et pénétrons dans sa classe.

L'outillage en est des plus simples :

Le programme ! Il n'y en a point d'officiel.

C'est un programme composite, où entrent à doses inégales des éléments empruntés aux écoles maternelles et primaires, avec quelque chose de personnel qu'y ajoute le professeur : en somme, un programme varié, souple, original.

En voici un, œuvre d'une dame, qui nous fournira à point un texte à commenter, et qui peut être proposé comme un type de programme bien conçu.

Il porte en titre : *L'Instruction, moyen d'éducation*.

« L'éducation morale de l'enfant est à la fois l'œuvre de la famille et de l'école.

« Dans les petites classes, les enfants ont besoin de sentir sous la fermeté l'indulgence et les attentions maternelles.

« Dans une atmosphère de bienveillance, il est plus facile de former le cœur et de diriger la volonté vers le bien.

« Toutes les branches d'enseignement peuvent et doivent contribuer à l'éducation morale de l'enfant : mais dans des proportions inégales.

« Le *Calcul* ne peut guère atteindre ce but que par ses applications pratiques :

« *Ex.* : Le calcul des jours, des mois, dira le prix du temps. — Les partages éveilleront l'idée de justice. — D'autres questions et problèmes, les idées de travail, d'épargne, etc.

« Dans les *Leçons de choses*, où l'on montre aux enfants les animaux domestiques ou sauvages, les plantes utiles ou dangereuses, les matières brutes ou les objets fabriqués, il faut qu'ils voient : le travail persévérant de l'homme, sa force de volonté, son courage, sa patience, etc...

« La *Géographie*, après avoir montré l'homme si petit sur ce globe, le fait voir puissant par l'énergie de ses efforts (l'explorateur, le matelot, le pêcheur). Les continents témoignent encore du travail de l'homme (voies ferrées et canaux, tunnels creusés, isthmes percés, etc.) — La géographie fait connaître les autres peuples, les liens d'intérêt et de sympathie qui les unissent (idées de solidarité, de fraternité).

« Ce n'est que d'une manière indirecte que l'histoire sert à l'éducation morale. Elle n'est pas morale en elle-même : elle enregistre tout, grands dévouements, grandes trahisons. Mais elle fournit des occasions innombrables de former, de rectifier, d'affermir le sens moral : elle fait connaître et aimer la patrie.

« La leçon d'*Écriture* fournit l'occasion de fixer solidement dans le souvenir des préceptes de morale. Des noms d'hommes illustres symboliseront :

« Le courage, civil ou militaire (Michel de l'Hôpital, Marceau);

« Le dévouement (Eustache de Saint-Pierre, d'Assas, etc.):

« La persévérance (B. Palissy) ;

« L'honneur, la loyauté (Bayard) :

« La charité (saint Vincent de Paul) ;

« L'enseignement du français contribue à l'éducation morale surtout par les exercices d'élocution :

« Récits moraux d'après des histoires lues ou des faits vécus :

« Incidents journaliers de la classe ou de la famille, bons ou mauvais caractères.

« Dans les exercices de grammaire et d'orthographe, une partie des exemples et des textes peut être empruntée au domaine moral.

« Mais l'éducation morale trouve son principal aliment dans les leçons de lecture et de récitation ; elles donnent lieu à des commentaires judicieux,

« Qui éclairent l'enfant sur ses devoirs ;

« Qui lui inspirent le goût du bien, l'horreur du mal ;

« Qui lui donnent l'énergie pour l'effort difficile :

« Qui le rendent à la fois droit et loyal, aimant et bon ».

Le programme ne néglige pas les connaissances usuelles, mais il ne s'y arrête pas comme à son terme ; il vise plus loin.

Extrait d'un autre programme, plus récent, sur l'enseignement anti-alcoolique :

« La morale enfin, qui dans nos classes se rattache à toutes les branches de l'enseignement, nous permettra, sous des formes variées et multiples, de faire comprendre à l'enfant le danger des mauvaises habitudes, la nécessité d'en acquérir de bonnes, dès sa plus tendre enfance. puisque ces habitudes sont appelées à jouer un rôle capital dans sa vie future. Nous donnerons ces notions instructives et morales sous la forme la plus familière, et, par suite, la plus pénétrante : l'accent avec lequel nous parlerons de ces choses en sera le meilleur commentaire. Convaincre plutôt qu'enseigner, telle est, je crois, notre tâche : tel doit être notre but... »

Voilà, tracée par des femmes, comme une théorie de l'éducation morale des plus jeunes enfants.

Mais la théorie, a dit M. Boutroux, sort des faits ; elle en est l'âme.

## I. — PÉDAGOGIE DESCRIPTIVE

Voyons les faits.... Je me bornerai à quelques-uns, et je les emprunterai de préférence, pour rendre ma démonstration plus décisive, aux parties réputées les moins éducatives de l'enseignement. Ce seront en tout cas des faits observés, comme le demande encore M. Boutroux, — et ils constitueront, comme le veut M. Darlu, une enquête d'un caractère pratique.

Commençons par un exercice de numération et de calcul mental.

C'est au début d'une classe du matin.

Félicitons déjà l'institutrice d'avoir choisi ce moment, où les esprits sont frais et dispos.

Ces exercices se prolongent d'une façon intéressante et sans fatigue pour les élèves, grâce à l'ingéniosité de la maîtresse, qui les fait porter successivement sur des nombres abstraits, sans y insister beaucoup, puis, sur des quantités concrètes, où elle introduit des objets familiers aux enfants (plumes, crayons, billes, etc...) — A ce moment, apparaît l'enseignement moral, par où l'institutrice montre comment il est possible d'extraire ce suc généreux de la branche en apparence la plus aride de son programme.

« Vous avez eu, mon petit Paul, 4 bonnes notes la semaine dernière : 6, cette semaine. Combien en tout? — 10 bonnes notes. — Pourquoi 2 de plus cette semaine? — Parce que j'ai mieux travaillé. — Vous travaillez pour avoir des bonnes notes, des exemptions, des inscriptions au tableau d'honneur, des prix à la fin de l'année? — Oui, madame. — Si on ne vous en donnait pas, vous appliqueriez-vous de même? — (Avec une demi-conviction) Oui, madame. — Pourquoi?.... La maîtresse aidant, l'élève répond que c'est pour faire plaisir à ses parents, à son professeur, par reconnaissance, — à lui-même, en satisfaisant sa conscience, ce qui est la plus belle des récompenses.

*Autre question.* — Depuis le commencement de la semaine, combien de jours écoulés?

Vous avez trouvé ce temps court, parce que vous savez bien l'employer; seuls, les élèves paresseux trouvent le temps long.

*Autre question.* — La maîtresse n'est pas sans s'être aperçue que certains élèves se prévalent de leurs bonnes réponses. Elle ne les interroge plus individuellement; elle s'adresse à tous les élèves du 1ᵉʳ banc, et constate, sans les nommer, que trois sur six ont bien répondu : quatre sur six, du 2ᵉ banc : deux sur six, du 3ᵉ banc : neuf en tout sur dix-huit.

Nouvelle épreuve plus difficile, après laquelle il ne reste plus que trois vainqueurs, dont deux du 2ᵉ banc.

C'est le 2ᵉ banc qui l'a emporté.

A l'émulation individuelle, dont le principe est égoïste, a succédé l'émulation collective : il s'y est mêlé un sentiment de solidarité, avec profit moral certain.

*Une leçon de choses.* — Les 3 règnes de la nature, — plus particulièrement le règne animal... Les animaux domestiques, ces familiers de l'homme, ses auxiliaires et ses amis, ceux qu'on a appelés ses frères inférieurs. Occasion de rappeler ce que nous leur devons, d'éveiller la sensibilité compatissante à leur égard, le désir de les protéger.... Société protectrice des animaux, qui devrait n'être même pas nécessaire.... Les courses de taureaux, de coqs : les décrire d'une certaine façon, c'est tirer un enseignement moral de la seule peinture des choses.

*Leçon de lecture.* — Pas de lecture courante encore, pas de récit comportant par lui-même déjà, et sans que la maîtresse ait à intervenir, une leçon de morale. Car, plus les moyens sont élémentaires, plus elle est obligée de payer de sa personne, de mettre mieux son rôle en évidence. — De simples mots tracés sur le tableau noir, pour exercer les enfants à la prononciation de certaines syllabes difficiles : le *phoque*, le *phosphore* le *phosphate*, la *photographie*, le *télégraphe*.

Occasion sans doute de notions utiles sur l'usage du phosphore par exemple et ses dangers, mais aussi d'un enseignement d'une toute autre nature. Histoire, ou réelle, ou imaginée par l'institutrice, de la photographie d'un enfant qui n'est plus : douleur de la mère, qui ne pourra être consolée que par un surcroît d'affection de ses autres enfants, etc.

*Lecture des places de composition.* — Mise à profit pour marquer la différence entre la place et la cote.

« Vous, Jean, avez été 1<sup>er</sup> avec 14 points; dans une autre composition, 2<sup>e</sup> avec 16 points. Laquelle de ces places préférez-vous ? — La première, car mon père m'avait promis une récompense pour chaque place de premier seulement. » — L'enfant est fasciné par l'idée qu'on lui a laissé concevoir de l'avantage du 1<sup>er</sup> rang ; l'institutrice profite de l'occasion qui s'offre de rectifier chez lui, et par lui, dans l'esprit de ses parents, une notion fausse, entretenue par la vanité.

Occasion aussi de relever le mérite d'un élève qui occupe un rang encore humble dans la classe, mais fait des efforts que l'on n'a point remarqués chez un camarade qui doit à sa seule intelligence ses succès dans les compositions.

*Le tableau d'honneur.* — Réservé non au succès, mais au mérite, où figurent des élèves de valeur intellectuelle peut-être médiocre, mais consciencieux et appliqués, alors qu'on n'y inscrit pas les noms d'autres élèves bien doués, occupant les premiers rangs, mais négligents.

Que n'aurait-on pas à dire des leçons de lecture courante, de récitation, d'histoire?

Il y a sans doute les livres, dont plusieurs sont excellents, — le Tour de France par deux enfants, qui est un pur chef-d'œuvre... Mais que n'y ajoute point la parole vivante de celle qui les commente?

Tels sont les faits.

Mais, dira-t-on, cet enseignement moral est-il, dans les classes élémentaires et primaires, exclusivement propre à la femme?

La pédagogie commune fournit sans doute à l'homme, aussi bien qu'à la femme, des moyens égaux. Mais on peut soutenir que la femme, dans l'application, en use plus volontiers, comme par une tendance de sa nature, dans le sens de l'éducation morale, vers laquelle elle s'oriente comme l'aiguille aimantée vers le Nord. Elle y montre donc cette supériorité qu'assurent, principalement dans l'œuvre de l'éducation, les dispositions naturelles sur les procédés acquis, en quelque sorte artificiels.

Le professeur homme s'arrête le plus souvent aux notions d'utilité pratique ; il s'en tient, dans l'ordre des choses morales, à des généralités ; ainsi il s'arrête encore volontiers aux idées de justice, de droit, etc., mais il s'interdit, par une sorte de retenue, le domaine de la sensibilité, où il craint de ne pas se mouvoir à l'aise.

Voici ce que j'ai observé dans une classe primaire dirigée par un professeur homme.

Il avait donné comme exercice à ses élèves de trouver des noms de personnes à qui convinssent les adjectifs : dévoué, brutal.

Un élève trouve : *fille dévouée* ; le maître répond (textuellement) : « Cela ne veut pas dire grand'chose. » Il ne lui était venu à l'esprit ni de parler d'Antigone, ni de rappeler un de ces nombreux faits que l'on trouve dans les rapports sur les prix de vertu.

Pour l'adjectif brutal, il s'était contenté de trouver exact qu'on pût l'appliquer à un charretier. — Je crus devoir lui demander si, pendant les récréations, il n'avait pas à intervenir parfois pour réprimer les brutalités d'un élève. Alors seulement il parla d'un élève que, la veille, il avait protégé contre deux de ses camarades, et qui, le jour même, n'avait pas eu honte de maltraiter un élève plus faible que lui-même. — Il y a fort à parier qu'une femme aurait d'elle-même trouvé en tout cela la matière et l'occasion d'un enseignement moral.

Tout le monde connaît l'exemple classique des trois ou cinq bâtons de sucre d'orge que le professeur propose de partager entre deux élèves. Le professeur homme fera remarquer que le 3ᵉ ou le 5ᵉ bâton doit être divisé en deux parties strictement égales : le professeur femme admettra qu'il le soit en deux parts même sensiblement inégales. Car, là où le professeur n'aura vu qu'une idée de justice et d'équité, elle aura pris plaisir à mettre en lumière une idée de désintéressement, de bonté, de sacrifice chez un enfant qui aime mieux ne retenir pour lui-même que la moindre part, et céder la plus grande à son camarade.

Il ne faudrait pas tirer de là des conclusions trop féministes : mais, comme l'éducation morale comporte, principalement à son début, la culture du sentiment, il y a tout avantage à ce que, commencée par la mère, elle soit continuée tout d'abord, à l'école, par une femme.

Et nous sommes ainsi amenés à examiner le rôle que l'institutrice remplit non plus seulement comme pédagogue.

## II. — PÉDAGOGIE PSYCHOLOGIQUE

Et précisément un vœu, dont la signification s'accorde avec cette conception du rôle de la femme, a été émis par le dernier congrès international de l'enseignement secondaire. Ce vœu, formulé par M. A. Croiset, a été adopté à l'unanimité :

« Que la femme soit associée à l'homme pour l'éducation de l'enfant, autant que les circonstances le permettent, en vue de rapprocher l'école de la famille. » Donc :

1° Le premier but de l'éducation est de rapprocher l'école de la famille ;

2° Pour l'atteindre, le concours de la femme est nécessaire ;

3° Ce concours, il est désirable qu'elle soit appelée à l'apporter « autant que », c'est-à-dire dans toute la mesure possible où les circonstances le permettent ;

4° Dans cette œuvre, elle est l'associée naturelle de l'homme.

Les trois premiers points énoncent des postulats auxquels il n'y a pas à s'arrêter. Dans le quatrième, le mot « associée » a besoin d'être précisé. Il signifie l'association, non de deux forces qui coopèrent en même temps sur les mêmes enfants (ce serait de la coéducation à un certain point de vue), mais de deux forces qui s'ajoutent en se succédant. Et, dans cette succession, il va de soi que c'est la femme qui vient la première, — la première après la mère, — marquant ainsi le trait d'union le plus direct qui sert à rapprocher, comme il convient, l'école de la famille.

Et c'est à merveille qu'il en soit ainsi, pour former la transition la plus heureuse entre la mère et le professeur-homme.

Comment le vœu dont on vient de voir la formule est-il, ou peut-il être réalisé ? Tout le monde s'accorde à assigner comme le plus sûr point de départ de l'éducation la connaissance des caractères. « Pour être un bon éducateur », a dit M. Jules Gautier dans la séance du congrès où l'on a traité de la formation des maîtres de l'enseignement secondaire, « pour être un bon éducateur, il faut connaître la psychologie des caractères ».

Et ce n'est pas M. Malapert qui sur ce point le contredira.

Je sais bien que ce mot « psychologie » a offusqué certains esprits, et qu'on n'est point d'accord sur tout ce qu'on veut lui faire signifier.

Je me bornerai à dire, d'accord, je pense, avec tout le monde, que pour diriger sûrement l'éducation des enfants, il faut d'abord les bien connaître ; que cette connaissance est indispensable pour prévenir le risque de déformer leurs caractères, de les fausser, de les laisser dévier : que l'institutrice, autant que la mère, a, comme par un privilège spécial, l'intuition des caractères des plus jeunes enfants ; et qu'enfin, si l'on tient absolument à ce qu'il y ait en cela de la psychologie, elle fait donc de la psychologie sans s'en douter.

Ou plutôt, elle s'en doute bien, mais n'en fait pas semblant, en quoi elle évite de se montrer pédante.

Et maintenant, comment les choses se passent-elles, ou comment l'institutrice devra-t-elle faire en sorte qu'elles se passent ?

L'enfant est comme transmis par la mère à l'institutrice : il est neuf, pour ainsi dire, émanant directement de la famille, alors que des influences extérieures n'ont pu encore s'exercer sur lui d'une façon marquée. Il est à l'état, je ne dirai pas embryonnaire, mais inconsistant ; se prêtant à une formation encore facile, avec des parties à redresser, le plus souvent à affermir.

Tout naturellement, des indications sont données par la mère à l'institutrice : et celle-ci en fera son profit. Toutefois, dès le premier contact avec les enfants, son diagnostic personnel trouvera l'occasion de s'exercer. Car les renseignements dont elle a reçu la confidence sont, dans bien des cas, incomplets, inexacts même, lorsque, par leur insuffisance, ils laissent dans l'ombre certains traits du caractère. Ils ont donc besoin d'être à la fois contrôlés et complétés.

Et, pour cela, l'observation directe vient aussi en aide à l'institutrice : témoin assidu et vigilant de ses élèves, elle les voit dans tous leurs moments *psychologiques* : dans la variété de leurs exercices, dans toutes leurs manifestations individuelles. Son observation n'est point faussée ou comme offusquée par aucune des préventions indulgentes de la mère, et elle s'exerce sur un champ plus étendu, sur les rapports si multiples de l'enfant avec ses camarades, en classe, et dans les récréations et les jeux, où il se livre tout entier si spontanément. Voyant mieux, et d'une vue plus complète, elle agira plus sûrement : car on agit, sur les enfants surtout, dans la mesure même où on les connaît. Et enfin elle agira aussi, on peut l'affirmer, avec une fermeté moins sujette aux défaillances, et par là son action aura plus de rectitude et de portée.

Et néanmoins, elle apporte dans sa tâche ces qualités de douceur, de souplesse aisée, de flexibilité, qui lui rendent d'autant plus facile ce qu'on a appelé « l'adaptation du maître à l'élève » : plus facile aussi l'appropriation des moyens à leur fin.

Le temps nous manquerait pour examiner toute la variété des cas où s'exerce, à ce point de vue, l'action de l'institutrice. Je prendrais cependant volontiers pour exemple de formation morale une des pièces essentielles, une des qualités maîtresses du caractère, la *Volonté*.

Il en a été question dans le programme dont j'ai

donné lecture au début de cet entretien. Et c'est aussi la qualité sur laquelle M. Bernès a déjà insisté pour en faire ressortir l'importance.

La volonté, à son origine, se marque chez les enfants par l'éveil de tendances qui se révèlent, à des degrés divers, sous la forme de désirs : ceux-ci vont depuis la manifestation timide et presque incertaine jusqu'à l'extrême violence ; la gamme en est très étendue, et chaque note en peut résonner avec une intensité plus ou moins grande.

Que fera l'institutrice à l'apparition, par exemple d'un désir *mauvais* et impérieux ?

Ici, je suis bien obligé de me placer dans le domaine de l'hypothèse, mais d'une hypothèse très vraisemblable : car, en examinant le rôle de la femme, si je montre d'un côté ce que je lui ai vu faire, je puis imaginer aussi ce que je suppose qu'elle fait, ou doit faire.

Elle est donc là, vigilante, et préoccupée de faire naître les péripéties et de préparer le dénouement du petit drame moral qui va s'accomplir sous ses yeux, en essayant de suggérer un désir contraire au désir mauvais. J'ai dit suggérer. Et il s'agit bien en effet de suggestion : j'entends par là cette insinuation persévérante, insistante, faite de bonté pénétrante et de douceur maternelle, de patience aussi, de cette patience dont on peut dire qu'elle constitue la fermeté féminine, et sa force irrésistible. L'enfant veut ce qu'il désire, et il faut l'amener à renoncer à son désir, à désirer au contraire ce qu'il ne veut pas, à substituer un désir à un autre : il faut, en un mot, obtenir de lui un acte d'abnégation, et déterminer un acte de volonté positive.

A un moment, le conflit des deux désirs contraires amène cette *oscillation* de la volonté entre plusieurs partis également possibles, que suit bientôt cet autre moment phychologique qu'on appelle *délibération*. Moment délicat et critique où l'influence qui intervient a pour but d'*incliner* et non de *contraindre* à l'issue désirable ; de faire aboutir l'hésitation de l'enfant à un acte de renoncement d'une part, de *volition* d'autre part, la volition n'étant, selon Taine, « que le désir à l'état définitif » ou encore « la fixation de notre tendance prédominante, après le conflit des tendances contraires ».

Pour vaincre l'obstacle, il a fallu provoquer, après la délibération qui tient la volonté en suspens, un effort, comme un élan vers l'action, selon l'expression d'Aristote, pour assurer enfin le triomphe définitif de *l'activité méritoire*. N'est-ce point là en effet un petit drame moral, et s'il est permis de comparer les petites choses aux plus grandes, du Corneille à la mesure des enfants, où le devoir et la passion se combattent avec la même vivacité? Nous rions parfois des grands chagrins des enfants, de l'explosion de leurs douleurs, des manifestations véritablement dramatiques de leurs émotions. Et pourtant tous ces sentiments passionnés agitent ces petits héros à l'égal des plus grands. Qui de nous n'a été frappé de ces longs silences obstinés qui couvrent un monologue muet, mystérieux de l'enfant, rompu par de courtes exclamations, des déchirements par où s'échappe le bouillonnement intérieur, et qui marquent les différents degrés du travail obscur qui s'accomplit en lui, pour aboutir, l'institutrice aidant, à la victoire finale de ce nouvel Auguste?

Je serai le premier à reconnaître que j'ai comme dramatisé un des nombreux faits divers quelconques dont est remplie la vie scolaire des enfants. Je l'ai mis en quelque sorte sur la scène, avec un peu de cette exagération permise qu'elle comporte. J'y trouvais l'avantage de concentrer autour de ce fait tout un ensemble de remarques d'ordre purement psychologique, et de leur prêter une sorte de réalité vivante. Car le fond de ce que j'en ai montré est la réalité même, la réalité journalière pour ainsi dire ; et j'ai simplement, en examinant un cas unique, présenté la synthèse idéalisée des faits fournis par l'observation.

Nous pourrions en envisager d'autres, où il s'agirait non plus de désirs à combattre, mais plutôt de tendances à encourager. Nous y retrouverions dans le rôle que remplit la femme les mêmes qualités de tact et de délicatesse, cet opportunisme qui la fait s'accommoder aux circonstances les plus variées ; rien de l'infatuation que peut donner un système d'éducation préconçu, ni procédés rigides et autoritaires qui provoquent la révolte au lieu d'amener l'adhésion volontaire, et qui, en réprimant des désirs, suppriment des indications utiles dont l'éducateur fait son profit, mais au contraire cette intervention mesurée qui ménage le libre jeu du ressort encore fragile de la volonté, qu'une main trop rude risquerait de briser.

Habile à démêler, dans un groupe d'enfants, la diversité des natures, la femme ne l'est pas moins à saisir la caractéristique de chacune d'elles. Et c'est là encore un point qui importe, s'il est vrai que l'éducation doit être dirigée de façon à assurer à chaque enfant son développement individuel, à respecter sa personnalité.

Cette individualité, encore dans son germe, a besoin d'être ménagée avec la plus grande sollicitude, pour s'épanouir à l'aise. Or, avec l'homme, ne courrait-elle pas le risque d'être plutôt contrariée, la tendance de l'homme étant d'affirmer sa force, de vouloir façonner l'enfant à son image, d'en tirer un nouvel exemplaire de lui-même, comme si, selon le mot d'Emerson très spirituellement rappelé par M<sup>lle</sup> Dugard, ce n'était pas assez d'un. La femme, au contraire, en présence d'un petit garçon en qui elle voit déjà le petit homme grandissant, se sentira plus disposée, par une sorte de sentiment qui confine au respect, à laisser évoluer la nature de l'enfant sans trop de contrainte, et avec une indépendance au moins relative : et par là elle aide mieux à dégager sa personnalité naissante, à l'affermir déjà, et à mieux garantir son développement futur.

Mais il faut se borner ; et, sans conclure autrement, je bornerai ici mon enquête. J'en aurai dit assez, je crois, pour montrer comment la femme, en associant dans les classes dont elle est chargée la culture du sentiment moral à l'éducation intellectuelle, prépare déjà efficacement les enfants à recevoir par degrés cette formation plus complète dont M. Bernès nous a décrit l'image idéale, et qui sera parfaite quand elle l'aura pourvu de toute son armure morale, et rendu apte à l'accomplissement de tous ses devoirs individuels et sociaux.

Je sais bien qu'on aurait pu me demander de pousser cette enquête plus loin. Je n'ai pas, en effet, répondu à toute la question inscrite à mon programme. Cette question porte sur « le rôle de la femme dans les classes élémentaires et primaires ». Or, actuellement, la femme ne dirige, sauf de très rares exceptions, que des classes primaires et enfantines.

On pourrait donc se demander si elle ne serait pas également apte à prolonger utilement son action dans les classes élémentaires, tout au moins lorsqu'elle est pourvue du droit légal que lui confère le certificat d'aptitude à l'enseignement de ces classes.

On pourrait se demander enfin quels services elle serait appelée à rendre comme répétitrice.

Et si quelqu'un craignait de voir en elle une émule trop envahissante, elle répondrait sans doute qu'il y a des compensations à offrir à l'homme en échange de ce que celui-ci céderait de son domaine, — d'ailleurs contesté.

Les plus excellentes raisons ne manqueraient pas en effet à qui s'aviserait de traiter ce sujet : « Du rôle de l'homme dans les classes supérieures de jeunes filles. »

Ce serait le pendant de celui que nous venons d'étudier. Et l'on aurait ainsi comme un diptyque représentant symétriquement les deux aspects d'une même question.

### DISCUSSION

M. STROWSKI. — M. Kortz a demandé l'introduction des professeurs-femmes dans les classes primaires et dans les classes élémentaires : et il en a donné pour raison leur habileté à pratiquer la méthode d'enseignement oral.

Mais cette méthode est-elle, en effet, la meilleure ? Enseigne-t-elle aux enfants ce qu'il faut apprendre au lycée ?

M. Kortz a dit qu'il n'y avait pas de programme officiel ; mais il a lu un programme individuel, qu'il considérait comme un type. Dans ce programme, ce qui frappe, c'est l'étendue de l'enseignement moral : il est partout, dans la lecture, dans la récitation des leçons, dans les leçons de choses, dans le calcul. La morale entre ainsi dans des choses qui lui sont étrangères.

Est-ce là une méthode ? N'est-ce pas plutôt l'absence de méthode, et plutôt l'art des coq-à-l'âne, qui fait disparaître le sujet dont on traite, la leçon de numération, la leçon de choses, pour mettre à sa place de la morale ?

C'est mauvais en soi ; et de plus, l'enfant, qui est fin, verra venir la leçon morale, et la laissera glisser, sans lui donner de prise.

L'enseignement moral ne doit pas être ainsi partout ; il doit apparaître discrètement dans certaines circonstances, comme la lecture des notes, la correction d'une faute commise.

Quel est d'ailleurs cet enseignement moral que donne

le professeur femme? On dit à l'enfant : il faut travailler ;
il ne faut pas mentir ; il faut être sage : c'est ce qu'on
fait déjà dans la famille ; et, dans la famille, les circonstances où on peut le dire sont plus fréquentes que
dans la classe.

Mais il y a un enseignement moral que la famille ne
peut bien donner et qui, au lycée, doit primer tous les
autres. On a dit qu'il fallait à chaque âge un enseignement. Or, qu'est-ce qu'une nature d'enfant? Ce qui la
rend si difficile à manier, c'est qu'elle est faite d'impulsions, de caprices : et c'est là le plus grand obstacle
à l'enseignement moral. La première chose à faire, c'est
donc de transformer cet état d'anarchie en un état d'ordre,
de régularité. La famille ne peut guère y réussir. Le lycée
le fait d'abord, extérieurement, par la discipline générale,
par la régularité dans les exercices. Mais il agit plus encore
sur l'intérieur : si l'enfant voit à son professeur une
règle, une méthode, une volonté ferme, il comprendra
que c'est ainsi qu'il doit être.

L'enseignement moral, tel qu'il existe dans la méthode dont on a parlé, est en contradiction avec l'habitude de l'ordre, de la régularité : l'enfant, s'il voit le
professeur passer son temps à sortir du sujet qu'il
traite, prendra-t-il l'habitude de rester lui-même dans
ses idées, dans ses volontés?

En somme, l'enseignement moral au début exige
surtout des qualités viriles. Il y a des professeurs-dames
qui possèdent ces qualités ; mais actuellement c'est
l'exception. Dans l'intérêt de l'enseignement moral, il
faut donc laisser au professeur-dame la plus petite
place au début.

M. Kortz a toutefois si bien montré les avantages que
l'enfant trouve à avoir à côté de lui l'affection, le tact
d'une femme, qu'il faut lui assurer tous ces avantages
au lycée. Où placera-t-on donc l'élément féminin? Il
n'y a pas seulement la classe : il y a la récréation,

l'étude, le dortoir. C'est là qu'est la place de la femme. Qu'il y ait des répétiteurs-femmes ; la place qu'elles occuperont ainsi au lycée sera grande ; elles y seront comme des maîtresses de maison et comme des mères de famille.

M. Kortz. — Mon but a été de montrer que l'enseignement des classes primaires et enfantines renfermait en substance, à l'état diffus, l'enseignement moral, et que la femme était particulièrement apte à l'en extraire. Mais je n'ai pas voulu dire que l'enseignement moral dût tenir constamment la place des autres et s'y substituer. Le programme lui-même que j'ai lu n'est qu'un programme idéal. C'est un maximum, qui n'entre pas nécessairement dans la pratique journalière.

Quant à l'autre question abordée par M. Strowski, le rôle de la femme comme répétitrice, je suis entièrement d'accord avec lui.

L'action de la femme en classe peut être insuffisante ; elle peut être prolongée, étendue par son rôle à l'étude ; et son influence serait très heureuse pour éveiller l'esprit d'initiative de l'enfant.

L'initiative de l'élève dans les petites classes est vivement éveillée par les interrogations collectives : mais elle s'amortit au sortir de la classe. Les externes ont sans doute une répétitrice naturelle dans leur mère ou leur sœur aînée ; mais trop souvent cette collaboration nuit au travail personnel de l'enfant. Pour les internes, c'est l'inverse qui a lieu : l'enfant est en présence d'un répétiteur, qui souvent n'a pas l'intuition de sa vraie nature, qui est préoccupé d'ailleurs de son propre travail, qui ne lui appartient pas tout entier. Une répétitrice aura du moins le dévouement maternel, l'intuition féminine de l'enfant. Si elle suit l'enfant de la classe à l'étude, elle saura sur quels points elle devra insister à l'étude,

Enfin, à côté du développement intellectuel, il faut songer aussi à la question des manières, aux habitudes d'ordre, de propreté, de tenue, de politesse, que la femme s'entendra mieux que l'homme à développer en donnant à l'étude quelque chose de plus familial. On répondrait ainsi à des critiques, d'ailleurs exagérées, qui nous sont adressées, et dans lesquelles on fait disparaître parfois l'essentiel de l'éducation morale, que nous donnons déjà, sous ces parties secondaires, que par cette réforme nous cesserions de négliger.

M. THOMAS. — Non seulement il ne faut pas mettre les femmes hors de la classe, comme le demandait M. Strowski ; mais il serait bon de leur ouvrir d'autres classes que les classes primaires. Les femmes ont une influence éducative considérable : et la morale ne s'enseigne pas ; elle se suggère. Pour cela, il faut une délicatesse que l'homme n'a pas en général. La femme n'enseignerait pas les préceptes : elle les ferait pratiquer. Si l'on compare les petits enfants élevés par des hommes et ceux que des femmes ont élevés, on est frappé de voir que ceux-ci ont une délicatesse de sentiments que les autres n'ont pas.

M. STROWSKI. — Il y a plusieurs façons d'entendre l'éducation morale. Il y a celle qui consiste à dire à l'enfant : ne mens pas ; tiens-toi bien. Celle-là, la famille la donne comme la classe. Mais il y a celle qui consiste à faire de l'enfant un homme : c'est l'éducation de la raison, faite d'ordre, de méthode, de discipline : et celle-là ne peut, en règle générale, être donnée que par des hommes, dans la classe et par l'enseignement ; l'autre se donnera dans la famille ou à l'étude.

M. LE PRÉSIDENT. — On a posé jusqu'à présent deux questions : celle du rôle de la femme en classe, celle de son rôle à l'étude ; sur celle-ci, on paraît être d'accord : il conviendrait donc de continuer la discussion sur l'autre point.

M. Kontz ajoute que, pour ce qui est du rôle des femmes comme répétitrices, une expérience personnelle lui a prouvé que la pratique en serait facilitée par l'administration académique.

M. le Président. — Sur la question du rôle des femmes dans l'enseignement, M. Strowski pense qu'il est indispensable de donner de bonne heure à l'enfant une bonne méthode, le goût de la régularité dans le travail, — de le soumettre à une discipline virile, qu'il regarde comme mieux assurée par la direction d'un homme.

M. Thomas pense aussi que cette méthode, cet ordre sont indispensables ; mais la femme, dit-il, peut aussi bien que l'homme avoir ces qualités, et elle y ajoute des qualités que l'homme n'a pas, ce qui lui permet d'atteindre de meilleurs résultats.

M. le Président estime, pour sa part, que le goût de la régularité est une des qualités que possède le mieux la femme : dans la famille, elle applique à sa tâche un remarquable esprit d'ordre, et elle donne à l'enfant l'habitude de la régularité. Du reste, au lycée, le régime intérieur suffit à assurer la régularité dans le travail.

M. Strowski a relevé aussi comme un défaut de l'éducation féminine l'absence de méthode et de suite dans les idées. Si on faisait de cette absence d'esprit de suite une règle fondamentale, il faudrait la condamner. Mais il faut remarquer que les enfants ne peuvent pas suivre longtemps une même idée ; et que très vite ils ont besoin de repos et d'un peu de répit. A ce point de vue, les procédés indiqués peuvent avoir leur avantage.

L'enfant est capricieux : il faut le guérir de cette disposition, dit M. Strowski. C'est vrai ; mais il ne faut pas aller trop vite ; il faut adapter la règle à son âge. Ici encore, il n'est donc pas certain que l'enseignement donné par les femmes ait de grands inconvénients.

Enfin, en dehors de l'enseignement officiel, il existe beaucoup de classes dirigées par des dames, où filles et garçons se trouvent réunis. L'expérience ne prouve pas que les garçons élevés dans ces classes soient moins habitués à la régularité dans le travail que ceux qui n'ont eu que des professeurs-hommes.

M. Strowski accepte ces réserves ; si les dames, outre leurs qualités propres, ont aussi les qualités viriles, il n'y a aucune objection à faire à leur intervention dans l'enseignement. Mais ce qui ressort de là, c'est qu'il ne faut pas entendre l'enseignement moral dans le sens du programme dont M. Kortz a donné lecture. Il faut, bien entendu, ménager les forces de l'enfant ; mais jamais il ne faut de hors-d'œuvre, de décousu, d'irrégularité dans la façon d'enseigner.

M. Boudhors. — Pour donner cet enseignement moral par ricochet ou par entraînement, les hommes ne semblent pas inférieurs aux femmes : plus habitués à raisonner qu'à se laisser aller au sentiment, ils savent mieux choisir le moment de passer de la leçon spéciale à la morale.

De plus, il ne semble pas qu'il y ait la différence dont on a parlé entre les enfants dont le père et ceux dont la mère s'occupe. Un enfant dont le père ne surveille pas le travail a quelque chose de nonchalant, d'impressionnable aux observations, de moins préparé au travail personnel que celui dont le père s'occupe.

De plus, la famille est excellente en principe comme milieu d'éducation morale, parce qu'elle unit les qualités de délicatesse et de sensibilité de la femme et les qualités de régularité et de raison de l'homme. Tout le monde a pu remarquer des différences entre les enfants élevés par le père seul ou par la mère seule, ou à la fois par le père et la mère. Il faudrait donc se demander si, de donner aux enfants dans les classes primaires une éducation purement féminine, ne pourrait avoir les inconvénients qu'on peut constater dans l'éducation d'un enfant qui n'a que sa mère. La femme a par nature et par goût la passion maternelle ; si elle est en classe, et si elle est aussi en étude, outre qu'il pourra y avoir conflit dans les deux cas, l'enfant ne se trouvera-t-il pas alors par trop livré aux qualités féminines ? et cela d'autant plus qu'il a chez lui sa mère, qui se sentira plus en état de juger le professeur et le répétiteur femme que le professeur ou le répétiteur homme, et que le père, de plus en plus occupé hors de la maison, laisse plus souvent chez lui à la femme la direction de l'enfant.

M. FLOT. — On est d'accord sur le rôle des professeurs femmes dans les classes enfantines. Mais à quel âge doit cesser cette collaboration des femmes à l'enseignement ? M. Boudhors a posé la question sur un terrain qui intéresse les professeurs des classes élémentaires.

Dès maintenant, les dames pourraient enseigner dans les classes élémentaires, si elles se munissaient du certificat d'aptitude. En huitième, elle réussissent bien. Est-il bon de les laisser enseigner jusqu'à la sixième, ou n'y a-t-il pas avantage au point de vue de la formation de l'esprit à leur retirer l'enfant avant les classes où commence l'éducation secondaire proprement dite ?

Peut-être serait-il bon de mettre avant la sixième l'enfant aux mains du professeur homme. Dans les classes primaires, on pourrait mettre les femmes en classe et en étude ; mais, dans les classes élémentaires, on leur retirerait la classe, et on leur laisserait l'étude.

Dans tout ce qu'on a dit, on n'a pas insisté sur le rôle éducateur du professeur homme des classes élémentaires. Ce rôle est très grand : car le professeur, qui surveille aussi les récréations entre les classes, a ainsi des occasions particulièrement nombreuses pour exercer sa fonction d'éducateur. Il y a là un point à mettre en évidence.

M. KORTZ. — M. Flot a remarqué que j'avais insisté surtout sur le rôle des professeurs-femmes : c'est qu'il y a, en effet, là, quelque chose à développer, et qui a sa compensation dans le rôle que les professeurs-hommes peuvent être appelés à jouer dans les classes supérieures des filles.

M. Thomas semble vouloir déposséder le professeur-homme des classes élémentaires pour les confier à des professeurs-femmes : je ne crois pas qu'il y ait avantage à cela ; il faut déterminer le point où s'arrêtera le domaine de la femme. Il y a un domaine contesté ; c'est la classe de neuvième, considérée tantôt comme primaire, tantôt comme secondaire, et qui reste ambiguë, primaire par les maîtres, secondaire par les tarifs. On pourrait la concéder aux professeurs-femmes. Au Congrès international de l'enseignement secondaire, miss Mary Wheeler a demandé que le rôle de la femme dans l'éducation des garçons fût maintenu beaucoup plus tard, jusqu'à 15, 16 et même 18 ans. De plus, on a beaucoup parlé de l'aptitude de la femme à l'enseignement des langues vivantes, et surtout à l'enseignement pratique et direct, qui convient à ces classes de début : il y aurait donc là une tentative intéressante à faire.

M. STROWSKI pense que, pour la neuvième, il faut savoir si la femme est chargée de l'étude : si oui, on ne doit pas la mettre en classe : ou bien, si on lui donne la classe, il ne faut pas lui donner l'étude.

M. Billaz. — Il ne faut pas généraliser à l'excès : des hommes élevés par des femmes sont parfois plus virils que ceux que des hommes ont élevés : voyez Marbot... Il faut laisser à chaque lycée, à chaque région le soin de décider où s'arrêtera le rôle de la femme : par exemple, il pourra s'étendre beaucoup plus loin dans le nord que dans le midi de la France.

Il faut aussi établir une différence profonde entre externes et internes. L'externe subit dans sa famille l'influence féminine, et, pour lui, on pourrait craindre trop d'influences de cet ordre, si on ne les limitait pas plus tôt au lycée. Mais il n'en est pas de même dans les internats : et là les femmes pourront être fort utiles.

M. le Président. — Ce qui se dégage de cette discussion, c'est que tout le monde paraît d'accord pour souhaiter que dans les premières classes la femme dirige l'étude.

Pour ce qui regarde l'enseignement, on ne s'accorde pas tout à fait sur le moment où il convient d'arrêter le rôle de la femme ; mais on sera d'accord pour dire qu'il n'y a pas d'inconvénient à faire ici des expériences pratiques discrètes, qui permettront d'arriver à des résultats positifs.

V

Séance du 24 janvier 1901.

## L'ÉDUCATION MORALE PAR LES CLASSES

### CLASSES DE GRAMMAIRE

Exposé fait par
M. CLAIRIN
Professeur de Cinquième au lycée Montaigne.

Dans l'examen que nous faisons de l'enseignement moral tel qu'il existe dans les classes, il importe de ne citer que des faits précis, de nature à bien montrer ce qui se fait et ce qui peut se faire.

C'est dans les classes de grammaire que commencent aujourd'hui les études secondaires, avec l'étude du latin : on y forme les élèves aux méthodes qui conviennent véritablement à l'enseignement secondaire, qui sollicitent sans cesse la réflexion des enfants pour arriver à un développement régulier et complet de l'intelligence.

Les élèves sont âgés de onze à treize ans. Cet âge, qui correspond à la fin de l'enfance et presque toujours au commencement de l'adolescence, est appelé quelquefois l'âge ingrat, parce que les enfants traversent une crise physique qui les rend souvent paresseux et désagréables, et exige des maîtres, dont la tâche devient plus difficile, une patience toute particulière. Mais la fréquentation de cet âge ne manque pas de charme. Avec des enfants de onze à treize ans il faut éviter les puérilités, sans cependant donner à l'enseignement une forme trop dogmatique ; il faut surtout éviter d'avoir l'air de prêcher.

Chez la plupart des élèves de la division de grammaire on peut noter des traits de caractère communs. Quand on leur parle de l'exactitude et de la conscience qu'on doit apporter au travail, ces mots ont pour eux toute leur valeur ; ils reconnaissent volontiers le mérite des travailleurs et les respectent. Les bons élèves attachent une importance quelquefois excessive aux places obtenues dans les compositions. Ils ne parlent pas de recommandations ; cette idée naîtra chez eux plus tard, à l'approche du baccalauréat, et, comme ce n'est pas au lycée qu'on la leur suggérera, il faut reconnaître que la croyance au succès obtenu peut-être par la faveur et non par le mérite viendra de la famille, et non du lycée.

Le scepticisme contemporain n'a pas encore envahi trop profondément nos jeunes écoliers. Quelquefois cependant, mais rarement, on entendra dire à quelques-uns d'entre eux, déjà pratiques, que, s'ils négligent une étude, c'est qu'elle ne sert à rien au baccalauréat. Il suffit d'avoir causé avec certains parents d'élèves pour savoir quelle est l'origine de cette croyance.

Il est facile de gagner l'affection et la confiance d'élèves de cet âge ; il suffit de les mériter. Portés naturellement à croire leurs maîtres, ils subissent facilement leur influence, qui peut s'exercer de deux manières, par l'exemple et par l'enseignement.

Les pensionnaires, qui vivent complètement au lycée, y reçoivent à la fois tout l'enseignement moral et tout l'enseignement intellectuel. La classe finie, dans les causeries des élèves entre eux et avec les répétiteurs, la conduite du professeur, ce qui a été dit en classe est commenté, discuté, approuvé ou blâmé. C'est le devoir du professeur de ne pas donner matière au blâme, d'éviter dans sa conduite tout ce qui pourrait sembler en contradiction avec ses préceptes.

Les demi-pensionnaires, les externes, rentrés dans leur famille, ne manquent pas de parler de ce qui s'est fait au lycée pendant la journée. Pour des enfants de cet âge, la classe s'identifie facilement avec le professeur : par suite, malheur au professeur qui, par sa tenue, par ses propos, par sa partialité, donnerait prise à la critique. Tout est passé en revue, rapporté dans les conversations de la famille, jugé sans ménagement. C'est le devoir du professeur d'y penser. Il dépend en partie de lui que cette partie des conversations de la famille soit intéressante et utile. Il ne doit pas oublier que même les enfants qui vivent dans leur famille ont besoin d'une direction morale que le lycée doit leur fournir.

C'est une idée très répandue que la vie de famille est la meilleure pour l'éducation de l'enfant. Ce n'est pas toujours vrai malheureusement, et Prévost-Paradol le remarquait avec raison : « La famille, quoi qu'en disent les sots, est rarement une bonne école. Mieux vaut encore la république collégiale. »

Il serait bon en effet de s'entendre sur ce qu'on appelle la famille. Si l'enfant vivait toujours sous la direction éclairée de son père ou de sa mère, la vie de famille serait certainement excellente : mais n'y a-t-il beaucoup d'enfants moralement abandonnés dans la maison de leurs parents ? J'ai connu des enfants de familles riches voyant à peine leurs parents, abandonnés le plus souvent aux soins des domestiques et prenant ainsi les plus tristes habitudes. Mais même dans les familles modestes où l'on paraît s'occuper des enfants, trop souvent on le fait d'une manière insuffisante ou maladroite. L'enfant prend de mauvaises habitudes de travail, parce qu'il est très rare qu'on le forme à l'exactitude et au bon emploi du temps. Il n'a même pas toujours une place fixe pour travailler : il s'installe là où il gêne le moins, transportant d'une pièce à l'autre ses livres, ses cahiers et son désœuvrement. Bien des fois des parents se plaignent que leurs enfants doivent travailler trop longtemps, et trop tard. Interrogez-les et vous apprendrez que presque toujours, si l'enfant n'avait pas fini son devoir à dix heures, c'est qu'il ne l'avait pas commencé à cinq heures, à six heures, à huit heures, c'est-à-dire à l'heure même où le devoir aurait dû être fini. Au contraire, au lycée, en classe comme en étude, tout se fait à l'heure, et l'enfant peut apprendre le bon emploi du temps.

En outre, dans la famille, il y a souvent trop de casuistique : on suit surtout les règles de la morale mondaine : on ne se gêne pas assez devant les enfants ; on laisse volontiers entendre que la morale absolue est bonne..... pour les autres, mais que, si l'intérêt de la famille est en jeu, la morale doit admettre des tempéraments. On est trop utilitaire. Les réponses que font souvent les élèves aux questions amenées par les exercices de la classe ne laissent aucun doute sur ce relâchement de la morale dans la plupart des familles.

Le professeur au contraire se surveille sévèrement, ne se permet pas d'écart de parole. S'il acquiert de l'ascendant sur ses élèves, c'est précisément parce qu'il ne connaît et n'enseigne qu'une morale fixe, élevée, désintéressée, dont le souvenir persistera, qui pourra servir plus tard de lumière pour éclairer la conscience dans les circonstances difficiles de la vie.

Mais, disent bien des gens, où donc se place cet enseignement moral ? quel temps lui donne-t-on dans l'horaire des classes ? Dans l'enseignement primaire et dans l'enseignement moderne on a inscrit cet enseignement dans les programmes ; tandis que les professeurs de la division de grammaire dans l'enseignement classique ne doivent enseigner que les langues et surtout les langues anciennes. — Il est triste d'avoir à réfuter un pareil argument, qui témoigne de l'ignorance ou de la mauvaise foi de ceux qui le mettent en avant ; mais, comme on ne se lasse pas de le répéter, il peut être utile de montrer ce qu'a toujours été l'enseignement dans les classes de grammaire.

La morale a une place, et une place considérable, dans l'enseignement de l'histoire, dans tous les exercices de l'enseignement classique proprement dit, dans ceux qui sont particuliers aux classes de grammaire, c'est-à-dire dans l'étude élémentaire des langues anciennes.

L'histoire ancienne, grecque et romaine, est une source inépuisable d'enseignement moral. Les moralistes les plus fameux, J.-J. Rousseau, Vauvenargues l'ont reconnu. Les faits contemporains, trop rapprochés de nous, trop mêlés de passions encore vivantes, ne conviennent pas pour cet enseignement moral. Par le recul, les faits deviennent plus frappants, plus instructifs. Grâce à l'éloignement, grâce peut-être à un rhéteur, à Plutarque, les personnages de l'antiquité se sont comme idéalisés, sont devenus des types. Quand on a à parler d'Aristide, de Léonidas, d'Épaminondas, de Démosthène, de Phocion, de Scipion Émilien, de Cicéron, de Vercingétorix, il n'est pas possible de laisser de côté les idées morales les plus sérieuses, les plus élevées, de ne pas parler à l'âme des enfants. L'infamie d'Alcibiade, l'élève préféré de Socrate, n'est-elle pas pour les maîtres eux-mêmes une belle leçon de modestie et de résignation ? On pourrait dire que dans cet enseignement la morale est presque encombrante, puisqu'elle dénature quelquefois les faits. Malgré les réticences ou les révélations des historiens les plus sérieux, nous oublions volontiers que les Romains n'ont peut-être pas été moins cruels envers leurs prisonniers que les Carthaginois, et Régulus reste avec toute sa gloire, tel que nous le montre Horace, s'arrachant volontairement aux siens qui le retiennent, pour retourner à Carthage subir les plus affreux supplices, afin de rester fidèle à son serment.

Les devoirs écrits, les explications, les lectures, tout contribue à l'enseignement moral. Ici l'enseignement classique affirme sa supériorité sur l'enseignement primaire et sur le moderne.

L'exercice principal de nos élèves est en effet la lecture, la traduction des auteurs grecs et latins, ce qui n'est nullement un enseignement formel comme le disent faussement certains critiques, car nul enseignement n'est plus substantiel, plus réel, plus éducatif.

Il ne s'agit pas pour nous de préparer dans le temps le plus court des élèves au baccalauréat. « L'instruc« tion dégagée des soucis de la vie matérielle, l'ins« truction qu'on ne peut improviser, ni acquérir par « des efforts de pure mémoire, qui, au contraire, doit « être comme une lente imprégnation de l'âme, voilà « la seule instruction secondaire digne de ce nom[1]. » Cette étude ne rend nullement impropre à la vie pratique. La Chambre de commerce de Lyon, la première peut-être des Chambres de commerce de France pour la hardiesse des entreprises, déclare elle-même que « l'enseignement classique, tombant sur un bon ter« rain, produit d'excellents effets, développe et élève « l'esprit, contribue à former le caractère et à fortifier « les qualités morales ; que, dans la vie si complexe « de l'homme d'affaires de notre époque, on ne peut « que profiter d'une éducation classique sérieusement « faite. ».

L'étude du grec et du latin comprend deux parties : l'étude de la langue, préparation à la lecture des textes, et l'étude des littératures. Cette deuxième partie a sa place surtout dans les classes supérieures. Ces deux études ont une valeur morale.

---

1. FOUILLÉE. *Les études classiques et la démocratie*, p. 4.

L'élève qui apprend sérieusement le latin et le grec doit se dégager de toute préoccupation utilitaire : son esprit se développe par une gymnastique intelligente. On exige de lui une exactitude minutieuse, on ne lui permet pas d'à peu près. Il doit analyser la pensée de l'auteur pour la comprendre : et, pour arriver à ce résultat, faire attention à tout. Les mots, qui ont par eux-mêmes une signification, ont une valeur indiquée par leur terminaison, par la place qu'ils occupent dans la phrase. Un mot est-il mis à une place autre que celle que lui assignent les règles générales de la syntaxe, l'esprit de l'enfant est mis en éveil ; il y a là une intention de l'auteur qu'il faut trouver. Cet esprit d'attention scrupuleux, sans cesse en action, est utile toujours et partout. C'est ainsi qu'on s'habitue à ne pas se payer de mots, à ne pas se laisser égarer par les sophismes. L'obligation imposée à l'élève de voir clair dans la pensée des autres et de la juger le force à voir clair dans sa propre pensée et, par suite, dans sa conscience.

En outre, les auteurs qui servent à faire cette étude ont excellé à exprimer les idées les plus générales, les plus humaines. « Il y a dans la sagesse antique un « trésor de sentiments esthétiques et moraux[1]. »

Il y a deux manières de lire un auteur : il y a la lecture superficielle, rapide, qui permet de se rendre compte en gros de ce que contient un texte : c'est celle-là qu'on peut faire à l'aide des traductions. Mais, quand on pense au travail qu'exige une traduction bien faite et au peu de notoriété qu'un travail semblable donne à celui qui se l'impose, on comprend facilement pourquoi il y a si peu de bonnes traductions. Cette lecture est cependant la seule qui soit permise à l'enseignement moderne comme à l'enseignement primaire.

---

1. FOUILLÉE. *Les études classiques et la démocratie*, p. 8.

Sans doute, on fait faire quelquefois, même en cinquième et en quatrième, des lectures rapides. C'est un moyen d'exciter la curiosité des enfants en leur montrant leurs progrès dans la connaissance des langues anciennes ; mais par-dessus tout, c'est la lecture attentive, minutieuse des textes qui les occupe.

Cette lecture des textes fournit à chaque instant l'occasion d'appeler leur attention sur les devoirs journaliers, usuels. Mais, ce qui est plus important encore, elle se prête avec une très grande facilité à l'enseignement moral le plus élevé, en permettant de les faire réfléchir aux idées les plus sérieuses, les plus élevées, les plus sévères. Si on voulait traiter spécialement de pareils sujets, il faudrait faire une leçon, un sermon : l'enfant se lasserait vite et se tiendrait sur ses gardes. Tirée du texte même que l'on étudie, la leçon est plus vivante, mieux écoutée.

Les textes des versions renferment presque toujours un récit historique ou une question morale : on les choisit intéressants, car l'esthétique est un puissant auxiliaire de la morale. Voici, par exemple, un texte emprunté à Sénèque. Visitant un de ses domaines, il le trouve fort délabré. Aux plaintes qu'il fait sur le mauvais entretien des bâtiments, des arbres, le métayer répond imperturbablement que la maison est vieille, que les arbres sont vieux. Irrité d'abord par ces réponses qui lui montrent que lui aussi vieillit, le philosophe finit par se calmer et conclut en disant qu'il faut savoir accueillir et aimer la vieillesse, qu'elle est pleine de charmes quand on sait en bien user. Si on demande alors à un enfant quels peuvent bien être les charmes de la vieillesse, il hésite. Sans avoir recours au *de senectute,* qu'il ne goûterait guère, le maître n'a qu'à le faire réfléchir un instant en le questionnant méthodiquement, et peu à peu il trouve que ses parents ont des plaisirs que lui-même n'a pas, que ces plaisirs leur viennent de leurs enfants; que ces plaisirs sont peut-être encore plus vifs chez les grands-parents, et qu'il dépend des enfants seuls de les leur procurer. C'est une occasion naturelle de parler des devoirs envers les parents. Enfin eux aussi deviendront des chefs de famille. Jouiront-ils de leurs enfants, s'ils n'ont pas eux-mêmes rempli leurs devoirs d'écoliers et leurs devoirs de fils? On dira peut-être que présenter ainsi la bonne conduite comme un intérêt bien entendu, que faire de la conduite présente une sorte d'hypothèque sur l'avenir, c'est une morale un peu utilitaire et par suite un peu basse; mais il faut penser qu'on parle à des enfants et que la morale religieuse elle-même promet la récompense après la bonne action. Toutes ces remarques sortent tout naturellement du texte expliqué.

C'est à chaque instant que l'explication précise d'un texte fournit la matière d'une réflexion morale. Voici un élève qui, dans une fable de Phèdre, *le renard et le bouc*, traduit le mot *callidus* par *adroit*. Le professeur l'arrête et le fait réfléchir. Y a-t-il de l'adresse à abandonner son compagnon dans la détresse? Est-ce sur l'adresse du renard que La Fontaine appelle notre attention quand il traite le même sujet? L'élève repasse les significations du mot *callidus* : *qui a des cals aux mains, instruit, habile, rusé*. Il se rappelle que le même mot a servi à qualifier dans le *de Viris* Hannon échappant au danger par sa présence d'esprit, Hannibal tirant son armée d'un mauvais pas. Hannibal a été habile, le renard rusé. L'habileté est une qualité, la ruse est un vice. On aimerait à servir sous un chef semblable à Hannibal; on n'aimerait pas vivre avec un compagnon rusé et méchant comme le renard. Tout cela est dit en quelques mots, tout cela profite également à la connaissance du latin et à l'instruction morale.

Même les explications des livres les plus élémentaires fournissent de nombreuses occasions de faire réfléchir

les enfants aux choses les plus sérieuses. Un exercice
d'une chrestomathie grecque commence par cette phrase:
« Un certain Démétrius dit à Néron : tu me menaces
de la mort; mais toi, c'est la nature qui t'en menace.»
On peut remarquer tout d'abord que cette phrase est
excellente comme exercice grammatical sur les pronoms
personnels. Mais le professeur y trouve une occasion
toute naturelle d'appeler l'attention des enfants sur
l'idée de la mort. La phrase est simple : elle ne dissi-
mule pas cette idée de la mort sous une forme trop élégante, comme elle l'est par exemple dans un passage
bien connu de l'oraison funèbre d'Henriette d'Angleterre;
elle n'est pas rebutante comme telle phrase des Pensées
de Pascal. Cependant elle exige un peu de réflexion pour
être bien comprise ; elle a une des qualités que Taine
reconnaît au style de Montesquieu, « elle a un air
« d'énigme, et l'agrément est double, puisque, avec le
« plaisir de comprendre, nous avons la satisfaction de
« deviner. » L'enfant arrive facilement à bien saisir
tout le sens de cette phrase et le professeur en profite
pour lui présenter l'idée grave et sévère de la mort
d'une manière peut-être plus vraie que ne le fait Pascal.
L'enfant se rappelle qu'en latin il a traduit l'expression
*defungi vita* ; que la mort est une fonction dont nous
devons nous acquitter, la dernière de toutes, et qu'on
ne peut arriver à ce résultat qu'en s'acquittant bien de
toutes les autres fonctions de la vie, c'est-à-dire en
pratiquant tous ses devoirs. Ici encore c'est l'étude d'une
phrase, voire d'un mot, qui nous conduit aux considérations les plus sérieuses.

Parmi les livres d'explication qui sont inscrits au programme des classes de grammaire, il faut mentionner
particulièrement le *Selecta*. Prévost-Paradol, dans sa
jeunesse, l'a jugé peut-être un peu sévèrement, lorsqu'il
a dit : « j'ai souvent relu l'inoffensif recueil appelé :
« *Selectæ e profanis scriptoribus historiæ*, sans pouvoir

« comprendre qu'il ait eu sur mon esprit une action
« dont je ne puis oublier ni la durée ni la force. Ces
« exemples héroïques de résistance à l'oppression,
« de mépris pour l'injustice, d'une fière indépendance
« de l'âme au milieu des misères du corps, me paru-
« rent proposés à mon imitation. » Il ajoute que « ce
« livre où ses maîtres ne lui faisaient lire que des mots
« l'enflamma par ses idées ». Je le soupçonne de
calomnier un peu ses professeurs, mais si le livre entre
les mains de maîtres malhabiles produit une telle
impression, quelle en sera la valeur lorsqu'il sera expliqué sous la direction de maîtres éclairés? Les élèves y
puiseront, comme le dit encore le même moraliste,
« la force, l'indépendance et l'indifférence pour la
« mauvaise fortune. »

Avec un tel livre on n'a que l'embarras du choix,
car on pourrait en tirer un cours complet de morale :
devoirs envers soi-même, envers sa famille, envers son
pays, envers Dieu. Le professeur doit plutôt se surveiller pour éviter l'abus. Mais le plus souvent un mot
suffit pour dégager la leçon morale du récit qui la renferme. Si on vient d'expliquer l'histoire monstrueuse
de Prexaspe, qui voit tuer son fils par Cambyse, qui as-
siste à l'autopsie, et qui, constatant que la pointe de la
flèche est enfoncée exactement dans le cœur encore
palpitant que Cambyse avait déclaré viser, se contente
de dire qu'Apollon lui-même n'aurait pas été un archer
plus habile, il suffira de rapprocher de ce récit la mésa-
venture du duc de Grammont si bien contée par M$^{me}$ de
Sévigné. L'embarras du vieux courtisan nous fait
sourire : l'avilissement du caractère, résultat fatal du
désir de plaire à un maître, apparaît pleinement dans
l'histoire de Prexaspe. Demandez alors à l'enfant, même
affamé de notoriété, s'il voudrait voir son nom immor-
talisé par un souvenir semblable.

Ajoutons en passant que l'enseignement anti-alcoolique, qui devient à la mode, avait depuis longtemps sa petite place dans le *Selectae* (*Cambyse, Alexandre et Clitus, Philippe après Chéronée, Rufus et Auguste*, etc.).

On peut descendre plus bas et on constatera que même les exercices les plus scolaires laissent une place à la réflexion, à la formation morale de l'esprit. Nous constatons, par exemple, que les pronoms personnels, en latin, manquent de génitif, et que ce cas est remplacé par des formes empruntées aux adjectifs possessifs, qu'enfin les deux formes *nostrum* et *nostri* n'ont pas la même valeur et ne peuvent pas être employées l'une pour l'autre, la première ayant un sens partitif et la seconde un sens possessif. Pour bien faire comprendre la chose, on donnera à expliquer un exemple tel que *animus est melior pars nostri*, et, en exigeant une traduction tout à fait littérale, on amène les élèves à traduire *l'âme est la meilleure partie de ce qui est à nous*. A la suite de cette explication viendra tout naturellement cette question : « Quelle est la chose qui est véritablement à nous ? » En évitant les exagérations du stoïcisme, l'enfant voit bien qu'il ne dépend pas de lui d'être plus grand ou plus petit qu'il n'est, malade ou bien portant, et qu'on ne saurait lui faire un reproche de sa taille ou du mauvais état de sa santé, mais qu'il est le maître de son âme, de sa volonté, qu'il mérite ou démérite suivant la conduite qu'il tient.

Les étymologies, dont on a dit souvent tant de mal et si légèrement, piquent la curiosité des enfants et les amènent facilement à penser à un grand nombre de choses sérieuses.

L'analyse elle-même fournit des occasions de réfléchir. Un professeur qui vient de faire analyser à ses élèves une phrase très simple, telle que *turpe est mentiri*, pour enseigner la règle d'accord de l'attribut, essaie, par exemple, de changer l'exemple : *pulchrum est mentiri*. Il excite, même chez les moins attentifs, un sentiment de surprise et une protestation. Il en profite pour demander pourquoi il n'est pas bon de mentir quand on peut espérer ainsi échapper au blâme ou au châtiment. Il ne lui faut pas beaucoup de temps pour faire définir le mensonge, qui est une tromperie par laquelle on lèse autrui, pour faire comprendre que le menteur est aussi coupable que le marchand qui trompe sur la qualité ou le poids de la marchandise vendue. Revenant alors à l'exemple analysé, il montrera que l'accord grammatical de l'attribut avec le sujet ne suffit pas, et qu'il faut trouver entre les deux un accord moral, un accord de sens, un accord logique, ce qui est la règle la plus essentielle pour bien comprendre et bien traduire un texte, afin d'éviter les contresens et les non-sens. Voilà comment apprendre à écrire est véritablement apprendre à penser.

Ainsi tous les exercices de la classe sont plus ou moins pénétrés par l'enseignement moral. Mais il importe de ne pas donner à cet enseignement une forme trop dogmatique. Aussi convient-il d'avoir dans les classes de grammaire des professeurs qui connaissent bien ce qu'on peut faire avec des enfants tels que ceux qui leur sont confiés. Cet enseignement se donne surtout dans des entretiens familiers auxquels, grâce à des interrogations continuelles, les enfants prennent une part active et dont ils profitent davantage. Mais il faut réserver à ces causeries, à ces interrogations multipliées, un temps suffisant. C'est pourquoi la réduction du temps des classes à une heure, proposée par certaines personnes, pourrait être funeste pour l'enseignement moral. Pressé par le temps, le professeur est porté à s'occuper exclusivement de l'enseignement proprement dit, à s'enfermer dans la lettre des programmes. Au contraire, la classe de deux heures donne le moyen de mêler à tous les travaux de la classe cet enseignement moral diffus, qui pénètre si naturellement tous les exercices de l'enseignement gréco-latin. Tel qu'il est compris en France, l'enseignement classique soutient en quelque façon les maîtres qui le donnent et leur facilite singulièrement leur tâche d'éducateurs. Les idées morales s'offrent si naturellement à leur esprit qu'ils ne peuvent pas les négliger, Voilà comment nous arrivons à remplir notre tâche, qui consiste à faire de nos élèves des intelligences morales.

Séance du 31 janvier 1901.

DISCUSSION

M. CLAIRIN. — Il y aurait lieu de se demander si la valeur morale de l'enseignement dans les classes de grammaire ne serait pas singulièrement diminuée ou même supprimée par trois réformes dont il est aujourd'hui question et que préconisent des personnes qui ne paraissent pas se douter de ce que c'est qu'une classe et de ce qu'on y fait : réduction de la durée des classes à une heure ; substitution du système des cours au système des classes ; suppression de l'agrégation de grammaire, et par suite du recrutement spécial des professeurs des classes correspondantes. Ainsi la réduction de la durée des classes aurait pour conséquence la nécessité de ne plus s'occuper que du programme, de le suivre pas à pas, de donner un enseignement suivi, sans jamais s'écarter vers les choses qui peuvent intéresser l'éducation morale.

M. LE PRÉSIDENT. — En notant ces questions à titre d'utiles indications, il convient d'examiner d'abord en eux-mêmes les moyens de l'éducation morale dans les classes de grammaire.

M. BOUDHORS demande à dissiper une équivoque qui pourrait exister dans quelques esprits mal informés au sujet de ce qu'il a dit des droits de la famille en matière d'éducation morale, et de la critique faite par M. Clairin de la négligence apportée par les familles dans l'éducation de leurs enfants. On pourrait voir là une opposition d'idées qui n'existe pas, et pour sa part il approuve pleinement ce qu'a dit M. Clairin.

On peut et on doit critiquer les familles au sujet de cette négligence, très fréquente et très fâcheuse : mais il n'en faudrait pas conclure à une critique de la famille et à une apologie des droits de l'État. Depuis le début de ces discussions, la divergence fondamentale paraît être celle-ci : la famille, pour les uns, confie ses enfants à l'État, mais conserve tous ses droits sur leur éducation ; pour les autres, selon la théorie jacobine, l'État doit, pour élever les enfants, les « soustraire aux préjugés » de leurs parents.

Mais on peut se plaindre du défaut de direction de certains enfants dans leurs familles, tout en continuant à penser que la famille constitue le milieu naturel et peut fournir les meilleures conditions de l'éducation. De ce point de vue même, on pourra critiquer d'autant plus vivement les familles qui n'accomplissent pas leur devoir.

M. CLAIRIN explique qu'il est tout à fait d'accord avec M. Boudhors. Il n'a pas prétendu critiquer la famille, mais il a montré que dans beaucoup de cas l'éducation dans la famille est insuffisante, tandis que celle du lycée est utile. Même dans les familles où l'éducation est bonne, il y a chez les membres de la famille une tendance à adopter une morale un peu trop large ; et il est bon que, d'autre part, l'enfant rencontre cette morale toute désintéressée qu'on trouve dans la classe.

M. BILLAZ. — L'éducation profonde ne peut être donnée que par la famille, comme l'a dit M. Boudhors ; la famille seule peut donner certaines idées morales et surtout l'amour de ces idées. M. Clairin a dit que l'éducation au lycée était plus élevée, plus virile ; mais les exemples qu'il a cités ne l'ont pas prouvé ; il a montré des élèves de rhétorique détestant les vices de Néron, mais il n'est pas vraiment nécessaire d'aller au lycée pour cela : et les familles, même les plus dépourvues de toute culture, arrivent au même résultat. Elles inspirent l'horreur du vice ; elles apprennent à détester le mensonge, sans avoir besoin de s'appuyer sur la règle : *turpe est mentiri*.

M. CLARIN demande qu'on sépare plus complètement les questions. On a dit que la famille était le meilleur milieu pour l'éducation de l'enfant ; mais les professeurs ont affaire aux enfants de beaucoup de familles et ils constatent que dans bien des cas l'éducation donnée au lycée est supérieure à celle que donnent les familles. L'exemple qu'il a donné, sans l'emprunter spécialement aux classes de grammaire, n'a pas la portée que M. Billaz lui donne : il s'agissait simplement pour lui, en invoquant ses souvenirs d'élève, de montrer que certaines leçons morales données dans la classe se gravent si fortement dans l'esprit de l'enfant qu'il en conserve toujours le souvenir présent.

Quant au second argument et au second exemple, il n'a pas non plus été bien compris. En modifiant, comme il l'a dit, l'exemple connu : en disant : *pulchrum est mentiri*, le professeur s'attend naturellement à une protestation : autrement, il serait inexcusable de faire l'expérience. Il sait donc que la notion morale existe déjà, et il ne s'agit pas du tout pour lui de la faire apprendre. Mais son but est de la faire analyser, de la faire comprendre, et de montrer ainsi que la notion grammaticale de l'accord de l'attribut au sujet n'est pas une règle de pure forme, qu'il doit s'y joindre aussi un accord de sens, un accord moral des deux idées. Ce n'est donc pas du tout un fait qu'il relevait, c'est une idée, et une idée de la plus haute importance, que donne l'enseignement du lycée et que ne donne guère la famille quand elle apprend à condamner le mensonge.

En même temps, par cet exemple et par tous les autres qu'il a cités, il a voulu montrer que la leçon morale ne venait pas se greffer artificiellement sur le sujet, comme dans d'autres cas, mais qu'elle ressortait du sujet même, et qu'en faisant de la grammaire ou en expliquant un texte on pouvait aussi faire de la morale et la faire comprendre.

M. Thomas. — M. Clairin a très bien montré que dans les classes de grammaire l'éducation morale n'est pas négligée, parce qu'elle est la conséquence de l'enseignement ; elle vient de la discipline même à laquelle est soumis l'esprit, qu'on force à penser avec des idées, à voir clair dans la pensée des autres pour apprendre à voir clair dans la sienne.

Il a montré aussi que l'enseignement a une valeur éducative très générale par les idées qu'il suggère, les textes étant pleins d'idées morales.

Mais il a ajouté que les exercices de la classe peuvent tous donner lieu à de petites méditations morales. N'y a-t-il pas là un danger ? Dans notre ardeur de moralistes, nous pourrions dépasser la mesure. Par exemple, on a parlé de la vieillesse. Mais est-il possible de faire comprendre à un enfant les avantages de la vieillesse ; et est-ce bien utile ? Si on le fait, l'enfant en tirera-t-il cette conclusion qu'il faut entourer les vieillards de soins et d'attentions ? Les textes de la grammaire peuvent être excellents : mais il n'en faudrait pas abuser.

L'enseignement donné aux élèves de grammaire est surtout utile par les émotions qu'il fait naître. L'enfant a une sensibilité extrême ; il s'enthousiasme vite ; il aime, il veut imiter ; il s'élève donc naturellement. Voilà par où notre enseignement secondaire a une valeur morale considérable. Il a un caractère à la fois esthétique et moral ; quand on a fait vibrer l'âme de l'enfant, on a fait œuvre saine.

Mais, pour en arriver là, il ne faut pas trop raisonner, ni chercher tout de suite à modérer les sentiments.

C'est quand on a obtenu ce premier résultat, et fait naître l'émotion, qu'il faut amener à comprendre, et éveiller le sens critique. Mais on ne doit pas trop s'en préoccuper dans les classes de grammaire, on le développera bien assez plus tard.

M. LE PRÉSIDENT. — Sur la question du rôle de la famille, il semble que tout le monde est à peu près d'accord. M. Boudhors dit avec raison que la famille représente certaines habitudes morales, et, les raisons sur lesquelles se fondent ces habitudes, le lycée ne peut les combattre. D'autre part, ces habitudes ne sont pas ce qu'elles pourraient être ; le lycée complète ce qui manque ; et il y surajoute d'autres qualités, qui ne se développent bien que dans ce milieu de travail régulier et de sérieux.

Dans les observations de M. Thomas, il y a autre chose : il y a cette idée que la véritable éducation morale, dans les classes de grammaire, ne se fait pas seulement par les applications qu'on tire d'un texte, mais par l'émotion esthétique si facile à convertir en émotion morale, lorsqu'elle s'applique à de belles choses. C'est là une idée fort importante : si les professeurs de grammaire en sont pénétrés, peut-être donneront-ils davantage, à leur enseignement des éléments, ce quelque chose de littéraire qui intéresse tant les enfants.

M. STROWSKI. — Dans les classes de grammaire, on vient de montrer que le sentiment de l'admiration est le ressort le plus parfait de l'éducation morale : mais ce n'est cependant pas le seul enseignement moral ; il y a aussi l'habitude de disposer ses pensées avec ordre, qui constitue une éducation morale. Or, l'admiration naît surtout quand on explique vite, sans s'arrêter aux détails : si, au contraire, on veut pour développer l'esprit de méthode s'arrêter aux difficultés de la grammaire, l'explication sera lente, et l'admiration naîtra plus difficilement.

Dans les classes de grammaire, on a des livres excellents, le *de Viris*, le *Selectæ* : si on laisse l'enfant aller de lui-même, il s'y intéresse ; il lit, il devine. Mais comment concilier cette lecture rapide avec le devoir du professeur de grammaire, qui est de ne pas laisser passer une difficulté sans la montrer, sans y faire réfléchir ?

M. LE PRÉSIDENT a observé le plaisir qu'ont les enfants à entrer dans les classes de lettres : ils ont vraiment là le sentiment de quelque chose de nouveau : on leur fait expliquer de l'Homère, par exemple, avec précision, mais en les mettant aussi devant la réalité des choses, et non pas seulement devant les mots. En apprenant du grec ou du latin, ils apprennent aussi à sentir.

Ne pourrait-on déjà faire quelque chose d'analogue dans les classes de grammaire, — en se mettant naturellement à la portée des enfants ? et n'aurait-on pas ainsi résolu dans la pratique la difficulté signalée par M. Strowski ?

M. STROWSKI pense, en effet, que la solution est celle qui vient d'être indiquée ; et elle est d'autant plus facile à réaliser que les livres d'explication, le *de Viris*, par exemple, faits spécialement pour ces classes, n'accumulent pas des difficultés grammaticales : ils permettent d'être exact, tout en allant vite. Les enfants y apprennent par l'usage autant de grammaire que s'ils avaient appris les exceptions par la grammaire elle-même.

M. LE PRÉSIDENT. — Ainsi, nous sommes tous d'accord. Il n'y a pas de bonnes classes de grammaire sans lettres ; pas plus que de bonnes classes de lettres sans grammaire : la distinction de ces deux ordres de classes ne doit rien avoir d'absolu.

M. BOUDHORS ne veut pas cependant qu'on oublie ce principe général : quel que soit l'exercice qu'on veuille faire, il faut commencer, pour s'initier, par diviser la matière. Dans les classes de grammaire, il serait dangereux d'entraîner l'enfant uniquement par l'émotion et l'admiration, s'il n'a pas pris l'habitude de raisonner et de choisir. Raisonner juste, voir clair dans un texte ; ce sont là des habitudes qui doivent précéder la culture de la sensibilité et de l'admiration : il faut éviter de verser dans les admirations fantaisistes, et c'est par le raisonnement qu'on arrive à l'éviter.

M. CLAIRIN. — Dès à présent, on obtient les deux choses en séparant les exercices : la première de toutes les qualités est la méthode ; la sensibilité se développera peu à peu, et peut-être plus facilement. On fait d'abord une explication très exacte ; puis on s'arrête ; on revoit ce qu'on a expliqué de bien des façons : on fait des exercices de grammaire, mais aussi on commente les idées : et l'on termine par la mise en français, où l'on voit alors les idées se coordonner, et le texte traduit devenir un tout.

M. LE PRÉSIDENT. — Toutes ces remarques sont extrêmement justes, et s'appliquent aussi bien aux classes de lettres, sauf que, ici, les morceaux expliqués sont plus développés ; il s'agit, non plus de phrases, mais d'un ensemble d'idées : la différence n'est qu'une différence de degré.

M. MALET. — Il serait peut-être nécessaire de distinguer les passages destinés à l'explication grammaticale, et ceux qui peuvent provoquer l'émotion. L'une, en effet, gêne l'autre. L'explication grammaticale doit être lente ; et la lecture rapide favorise la naissance de l'émotion.

M. Boudhors. — Cette opposition est trop absolue ; on peut très bien réaliser le mélange des deux.

M. Strowski ajoute que cela est d'autant plus facile que les textes à expliquer dans ces classes peuvent être expliqués à la fois vite et exactement.

M. le Président. — L'observation qu'on a faite prouve simplement que l'art est difficile ; mais il n'est nullement impossible de concilier les deux choses.

M. Boudhors. — Il n'est jamais bon d'habituer les enfants à se contenter d'une explication incomplète et inexacte ; mais, à propos de l'explication exacte d'un texte latin ou grec, on peut faire un rapprochement, lire, par exemple, un texte français, et par là on aura développé l'émotion.

M. Malapert. — Au point de vue psychologique et moral, l'éducation doit comprendre à la fois la culture de l'attention, de la méthode, de la rigueur ; c'est l'éducation de la réflexion : et puis d'autre part la culture du sentiment. Dans l'étude élémentaire des textes, on peut concilier les deux choses. Mais il y a dans les classes autre chose encore, qu'on pourrait employer utilement à la culture du sentiment. Les textes de dictées, par exemple, paraissent parfois plutôt être choisis pour leurs chinoiseries grammaticales que pour donner des idées élevées. De même les devoirs français : on pourrait tirer ici un excellent parti de la classe de français ;

et ainsi on se trouverait déchargé pour la classe de latin et de grec d'une partie de la tâche à remplir et dela difficulté à lever.

M. Billaz constate que MM. Boudhors et Malapert sont d'accord pour noter l'importance de la classe de français dans l'éducation morale : et il en prend acte pour la valeur de l'enseignement moderne.

MM. Boudhors et Malapert remarquent qu'ils ont parlé du français comme répondant surtout à une partie de la difficulté ; le latin et le grec restent un instrument précieux pour l'éducation de la réflexion.

M. Delapierre insiste sur ce point, que l'étude des textes latins et grecs ne peut avoir dans les classes de grammaire un effet suffisant au point de vue littéraire et esthétique, mais développe merveilleusement les qualités d'ordre, de méthode et d'attention. En revanche, c'est par le français surtout qu'on peut cultiver le sentiment, et trop souvent on le néglige.

Il en a fait lui-même l'expérience dans une classe de quatrième moderne, où, n'ayant pas les moyens d'intérêt qui s'attachent à l'étude du grec et du latin, il a pu exciter par l'explication française l'intérêt d'élèves de force très inégale, et plutôt d'un niveau inférieur. Dans l'enseignement classique, on pourrait faire de même, et avoir ainsi plus tôt un bon instrument d'éducation littéraire.

M. le Président appuie cette observation ; autrefois surtout l'explication française était presque toujours sacrifiée à l'explication latine et grecque : et, même aujourd'hui, il reste des progrès à faire de ce côté.

M. Boudhors admet qu'autrefois on se servait surtout

du grec et du latin pour l'explication méthodique, et qu'on réservait le français plutôt à la lecture courante ou personnelle. Mais cette pratique n'était pas sans exceptions ; et les anciens élèves de M. Hatzfeld, par exemple, se rappellent avec reconnaissance les explications très précises de textes français qu'on faisait dans sa classe. Cette explication de français est aujourd'hui très générale : après lecture faite, il est aisé de montrer aux élèves qu'ils n'ont pas réellement compris, et, par la seule explication des mots, on peut les amener à saisir l'idée générale et précise du morceau et l'enchaînement des idées.

M. Clairin. — Le rôle de l'explication française a été se développant : autrefois il n'y en avait pas ; et les exercices français ont été pendant un certain temps assez discrédités. Depuis une trentaine d'années, il n'en est plus ainsi : et c'est l'étude du français comme langue romane qui a fait comprendre qu'on pouvait faire une place dans les programmes aux explications d'auteurs français.

M. Henri Bernès fait remarquer qu'on parle beaucoup des classes de lettres, et qu'il ne s'agit en ce moment que des classes de grammaire.

M. Strowski. — C'est dans les classes de grammaire que les élèves s'intéressent le plus aux textes français classiques, ils les lisent et les apprennent par cœur : plus tard, trop souvent ils les dédaignent.

M. Kontz ajoute que l'enseignement du français a pris un très grand développement dans les classes élémentaires : ce développement s'est continué dans les classes de grammaire.

M. Maldidier s'étonne que personne n'ait parlé de

l'éducation de la volonté,—qu'on ne se soit occupé que de la réflexion et du sentiment. Il est peut-être difficile de développer la volonté chez les élèves ; il ne faut pas attendre pour cela que l'occasion se présente : il faut la provoquer.

M. LE PRÉSIDENT. - En fait, on a traité de l'éducation de la volonté : par exemple, habituer l'enfant à faire chaque chose au moment où il le doit. c'est développer sa volonté.

M. MALDIDIER. — La volonté, c'est l'initiative : et ce n'est pas elle que la classe développe : les bons élèves sont généralement les plus dociles : et c'est là une chose mauvaise au point de vue moral.

M. CLAIRIN. — La question de l'éducation de la volonté se rattache à l'enseignement tout entier. C'est un acte de volonté que de faire sa tâche tous les jours. de croire ce que dit le professeur et de faire effort pour le comprendre. Quand un enfant a mal fait, quand on lui montre qu'il rachètera sa faute en faisant mieux. on développe sa volonté...

M. MALET proteste contre cette théorie, que les bons élèves sont ceux qui font simplement ce que le maître a dit. Nous nous efforçons tous de permettre à nos élèves de se développer d'eux-mêmes : entre celui qui fait quelque chose de lui-même et celui qui accomplit machinalement sa tâche, nous n'hésitons jamais à préférer, et de beaucoup, le premier.

M. BOUDHORS. — La docilité que nous demandons, c'est celle qui consiste à essayer de comprendre tout ce que l'on fait, de comprendre ce que nous conseillons et d'y consentir, — non celle qui consisterait à le faire sans le comprendre.

M. THOMAS est de l'avis de M. Boudhors ; mais il croit que M. Maldidier a raison en disant que nous ne nous occupons pas suffisamment de la volonté.

M. MALDIDIER remercie ses contradicteurs; il est d'accord avec eux, mais il y avait à relever dans la discussion une lacune, et c'est ce qu'il a voulu faire. Il est heureux de voir que tous pensent, comme lui, qu'il faut donner beaucoup à l'éducation de la volonté.

# VI

Séance du 7 février 1901.

## L'ÉDUCATION MORALE PAR LES CLASSES

### CLASSES DE LETTRES

Exposé fait par
### M. ROCAFORT
Professeur de Lettres au lycée Saint-Louis.

Allons immédiatement au fond des choses, et le fond des choses n'est pas que chacun de nous, professeur de philosophie, de lettres, de sciences, d'histoire, vienne ici expliquer comment sa classe sert à l'éducation morale de la jeunesse. Une distinction essentielle, capitale, domine toute cette enquête, et, faute de l'avoir posée dès le début, de la brume couvre déjà les conclusions partielles auxquelles nous avons abouti. Il s'agit de savoir de quelle éducation morale on parle, car on peut l'entendre de deux façons.

Il y a celle qui se dégage tout naturellement de l'enseignement que nous donnons, de quelque ordre qu'il soit. Elle est indirecte, celle-là, médiate, surérogatoire, si j'ose dire, diverse et diffuse, distribuée de telle heure à telle heure, et en classe seulement..... Il me semble que c'est de celle-là que nous avons jusqu'ici surtout parlé, pour ne pas dire exclusivement.

Il y en a une autre. Elle est impliquée dans cette expression souvent entendue, qu'il faut que le lycée *supplée la famille*. Il ne s'agit pas là évidemment de l'éducation morale dégagée par l'enseignement lui-même, la famille ne songeant dans aucun cas à enseigner. Celle-là est directe et immédiate ; elle est son but à elle-même ; elle est complète, intégrale : elle est donnée à toute heure du jour et dans n'importe quel exercice, en classe, en étude, en récréation, et même au réfectoire. Elle va droit à l'âme, sans avoir toujours besoin de passer par l'esprit.

De laquelle est-il question quand on parle d'éducation morale au lycée ? A l'intérieur de l'Université, il semble que nous ne le sachions pas au juste : tout au moins nous manquons d'unisson sur ce point. On dirait que nous visons à la seconde tout en nous en tenant aux moyens capables de donner seulement la première.

Si j'écoute les critiques du dehors je constate que parmi tant de concurrents intéressés à nous trouver des défauts, pas un ne nous accuse de manquer à la première. C'est la seconde qu'on nous conteste.

Je voudrais me placer successivement au point de vue de l'une et de l'autre...

.·.

Personne n'a jamais contesté que nous donnions au lycée l'éducation morale qui dérive tout naturellement de l'enseignement, parce que c'est l'évidence même que nous la donnons, aussi bien que qui que ce soit ; peut-être mieux, en ce sens que l'éducation morale ainsi comprise doit sans doute se ressentir des qualités de compétence, de justesse, de précision de cet enseignement, et que tout le monde est d'accord pour louer l'excellence professionnelle des maîtres de l'Université.

En ce qui concerne les lettres, l'évidence est encore plus grande que dans les classes élémentaires et de grammaire. Et ce point, que plusieurs d'entre vous s'attendaient à m'entendre traiter exclusivement, ne sera qu'une partie de notre entretien, à cause de cette évidence même, à cause qu'il serait oiseux d'en parler longuement à des collègues pour la plupart plus expérimentés que moi, à cause enfin qu'il y a beaucoup d'observations que je devrais refaire après ceux qui m'ont précédé ici, et que la manière définitive dont ils les ont traitées me dispense d'y revenir.

Me pardonneriez-vous d'être long sur toutes ces qualités d'esprit, la netteté, la justesse, la précision, l'ordre. que développent nos exercices littéraires, version latine ou devoir français ?...

Est-ce à vous qu'il faut apprendre que les trois exercices de la classe, leçons, corrections de devoirs, explications d'auteurs nous fournissent des occasions innombrables de faire goûter à nos élèves l'émotion du beau et par une suite toute naturelle celle du bien ?

Oserais-je vous retenir longtemps sur ces trésors de moralité dont nos trois littératures classiques sont remplies ? Je ne veux rien exagérer. Quinze ans j'ai professé la rhétorique, celle où se fabrique à la grosse le type moyen du bachelier, je ne me suis jamais aperçu de l'efficacité moralisatrice du grec. Le grec a été la langue des dieux, et il n'y a pas de richesses morales comparables à celles des auteurs grecs. Mais la vérité avant tout : eh bien, tout cela était lettre morte pour la presque totalité de nos élèves de la fin du XIX<sup>e</sup> siècle, et je crains bien que sur ce point les Français jeune siècle ressemblent diantrement à leurs aînés...

Mais je défends le latin. et j'y crois comme à la meilleure base de notre enseignement national. Nos élèves le savent très suffisamment pour profiter de sa vertu morale, et ils le sauront mieux encore au fur et à mesure qu'on abandonnera l'érudition germanique au profit de nos bons et loyaux exercices d'antan. L'Allemagne nous montre l'exemple du repentir...

Oui, la littérature latine est génératrice pour nos jeunes gens de bonne et saine moralité. Outre qu'elle est un facteur essentiel de notre tradition nationale (le grec aussi d'ailleurs) et que rompre avec elle serait s'exposer à une solution de continuité entre l'ancienne France et la nouvelle, et je suis de ceux qui ne s'en consoleraient pas, outre cela, quelle littérature raisonnable! Elle brille dans son ensemble par un ferme bon sens qui s'impose à tous ceux qui la lisent, et dont on voudrait parfois (en poésie) qu'il fût moins dominant. Elle donne à la jeunesse la précision de l'esprit, la justesse du raisonnement, la mesure et la sobriété dans les opinions, la rectitude de la volonté, elle les tonifie et les virilise. Et par contre elle ne risque pas d'enfiévrer leur sensibilité ni d'exalter à l'excès leur imagination.

Et puis elle est humaine. L'individualisme, le subjectivisme, toutes ces diableries dont la santé morale de notre pays souffre actuellement ne sont pas dans ses tendances. Horace lui-même, ce lyrique, ne montre guère de lui que ce qui lui était commun avec le reste de l'humanité.

Et ce n'est pas seulement ce qui est humain qu'elle cultive, mais ce qui est viril. Elle n'est pas une littérature de frivoles ou de dilettantes, elle remplissait dans l'esprit des Latins une fonction sociale, un office public. Lucrèce et Virgile eux-mêmes avaient subordonné à autre chose qu'à l'art leur inspiration. Quand les Latins ont voulu, au moment de la décadence, faire de la littérature une distraction élégante de désœuvrés, ils ont échoué. Loin d'induire nos jeunes gens à la sophistique ou au dilettantisme, elle est pour eux une école de sérieux et de gravité.

De la littérature française, je ne parlerai guère. Tous nos auteurs sont des moralistes, non seulement les professionnels comme Montaigne, Pascal, La Bruyère, mais les fabulistes comme La Fontaine, les épistoliers comme M<sup>me</sup> de Sévigné. On tirera des leçons morales même du théâtre. Corneille excelle à montrer ce que l'homme peut, s'il veut; Racine, ce qu'il en coûte d'obéir aux passions.

Au reste, notre ancien collègue de rhétorique du lycée Louis-le-Grand, M. Bompard, a consacré à cette démonstration son très beau discours du Concours général de l'année passée. Il m'a paru seulement qu'on pouvait y relever une lacune. Notre collègue a dit supérieurement en quoi la littérature française était une merveilleuse école pour la raison, il n'a pas dit un mot de la sensibilité. Ç'a été voulu évidemment, car personne ne peut se faire illusion sur l'importance dans l'homme et surtout dans l'enfant de sa partie sensible. N'est-il pas vrai qu'il y a chez nous en naissant, à côté de notre jugement, un dépôt d'instincts et de sentiments, un tempérament à la fois physique et moral, dont bien léger serait l'éducateur qui n'en tirerait point parti ? Instincts à surveiller, je ne dis pas non, mais si utiles que parfois, dans les heures de crise, ils vont au bien d'un élan plus rapide et plus sûr que la raison. Instincts si fondamentaux à l'homme que l'homme bien souvent ne se sert de la raison que pour faire la théorie de sa sensibilité, et pour habiller d'un appareil intellectuel son propre tempérament. Instincts d'ailleurs pas si aveugles que cela, car chez des hommes d'une race et d'une civilisation aussi vieilles que les nôtres, ils représentent un passé d'expériences ataviques dont notre raison individuelle aurait tort de faire fi. Eh bien, n'est-il pas vrai que la littérature française peut servir à cette sensibilité des exaltants sans nombre ? Où trouver des modèles d'héroïsme et de grandeur d'âme comparables à ceux de notre Corneille ? des méditations sur l'homme, des élévations sur l'infini plus émouvantes que dans Bossuet et Pascal ? Et les modernes ne le cèdent pas aux classiques, avec ces nuances de mélancolie que de plus les progrès de la philosophie et des sciences leur ont mêlées...

Faisons tout de suite une application utile. L'intellectualisme excessif de l'éducation universitaire se traduit par l'abus de la critique dans nos explications de textes, qui, négligeant le commentaire esthétique et moral, ne développent pas assez la faculté d'admirer. Il a vicié le choix des sujets de devoirs, où la critique occupe trop de place, notamment en rhétorique, imposant à l'élève un psittacisme inévitable. Je m'empresse d'ajouter que beaucoup de professeurs réagissent depuis quelque temps contre cet abus, et qu'il ne tarderait pas à disparaître des lycées si les Facultés voulaient bien, dans le choix des sujets aux examens du baccalauréat, nous donner l'exemple...

Ce demi-reproche à part, je répète ce que j'ai dit plus haut. L'Université, par les classes de lettres non moins que par toutes les autres, donne très bien cette éducation morale qui découle tout naturellement de l'enseignement. Nous n'avons qu'à continuer, je veux dire qu'à continuer nos maîtres, qui excellaient déjà à tirer de leurs leçons, à l'occasion et sans pédantisme, la vertu morale qu'elles contenaient. C'est pour eux surtout que nous repoussons le reproche qu'on a l'air de nous faire quand on nous parle d'introduire, comme une nouveauté la préoccupation morale dans notre enseignement.

*
*  *

Plaçons-nous maintenant à l'autre point de vue. L'Université ne veut pas donner seulement cette éducation qui ressort indirectement de l'enseignement proprement dit. Elle a des internes, des demi-pensionnaires. Elle prétend remplacer auprès d'eux la famille absente ou démissionnaire par une éducation directe, intégrale, parfaite : elle veut leur faire une conscience.

Oh! alors c'est tout autre chose. Il y faut d'autres conditions. Lesquelles ?

D'abord, chez les maîtres, la vocation. Elle n'était pas indispensable tout à l'heure. L'honnêteté naturelle et l'amour de ce qu'on enseigne suffisaient. Or, nous aimons nos études, et la statistique officielle du ministère de la justice affirme que, tandis que les notaires fournissent cent criminels sur cent mille, les professeurs et les instituteurs réunis n'en comptent que dix-neuf...

Mais ces dispositions deviennent insuffisantes s'il s'agit, non plus seulement d'*enseigner* l'élève, mais de remplacer la famille auprès de lui, d'être pour lui absolument ce que le père est pour son enfant. Notre rôle à son égard va se doubler d'une foule de devoirs minutieux, persévérants, intimes, dans lesquels l'universitaire n'aime guère à s'engager, parce qu'il n'en a pas le goût. Il y faut la véritable vocation pédagogique, où l'intelligence et l'instruction n'ont pas seules leur part. Le cœur aussi doit y aller du sien.

Puis, ce qui importera le plus, c'est la connaissance de l'élève, non plus vague et superficielle, comme on connaît un numéro, non plus une connaissance étayée sur un calepin de notes, mais la connaissance à fond et toujours présente de son caractère, de ses tendances.

Pour cela, que les classes comptent le moins d'élèves possible. Pas de classes de 50 élèves et au delà, mais de vingt à vingt-cinq tout au plus. Nous passerons aussi le plus de temps possible avec eux. Au lieu d'un professeur par classe, il y aura des groupes de professeurs qui suivront les mêmes élèves par ordre de classes. Le professeur de lettres, par exemple, recevra du professeur de grammaire, en troisième, les élèves qu'il gardera jusqu'au seuil de la philosophie. Je sais les avantages intellectuels que retire l'élève pour son instruction du changement et de la diversité des professeurs; ils me frappent moins en ce qui touche son éducation.

Le professeur ne pourra plus être considéré isolément, car ce n'est pas un professeur seul, quel qu'il soit, qui est le dispensateur exclusif de l'éducation morale. C'est le lycée entier qui la donne, sous la responsabilité du proviseur, et par l'intermédiaire de tous les professeurs et de tous les surveillants réunis ; et par conséquent le professeur, perdant de cette autonomie qui était possible et légitime dans le premier cas, devient davantage une pièce de la machine, un rouage, le plus important sans doute, mais qu'il faut, encore une fois, considérer non plus isolément, mais en combinaison avec tous les autres, si l'on veut se faire une idée exacte de son rôle, de ses droits et de ses devoirs...

Le professeur ne sera pas envisagé non plus indépendamment de l'esprit général de la maison où il enseigne. Une éducation profonde et complète ne peut être obtenue sans l'unité constante, quel que soit le nombre des agents, de leurs vues, de leurs tendances, de leur doctrine morale. C'est pourquoi la famille est si excellemment douée pour faire l'éducation des enfants : à l'unité de doctrine elle joint l'appoint de l'exemple. L'esprit général de la maison devra se dégager de l'enseignement de chaque professeur, de la moindre parole de chaque agent, et de l'exemple de tous ; car l'exemple, en matière d'éducation, a une force de pénétration supérieure à la parole. Sinon, ce serait la contradiction, visible aux élèves, immédiatement saisie par eux, et par conséquent l'anarchie, mère du scepticisme; ce serait la ruine de cette éducation pendant le temps même où on serait en train de l'instituer.

Remarquez-le, je ne dis pas en ce moment quel devra être cet esprit général, quelle sera cette doctrine. Je ne veux pas soulever de discussion à côté du sujet. Je constate simplement qu'il en faut une, sur laquelle tout le monde soit d'accord. La neutralité, très acceptable tout à l'heure quand il ne s'agissait que de faire apercevoir et aimer ce que tout le monde reconnaît être bien et beau, ne suffirait plus maintenant. La neutralité n'est pas un principe d'éducation, parce qu'elle n'est pas un principe d'action. L'éducateur se propose d'agir sur les esprits et de leur fournir des raisons d'agir.

Le professeur ne saurait être davantage considéré indépendamment de ses collègues et du proviseur. Collaborateurs intimes d'une même tâche. il sera indispensable qu'ils se voient souvent, pour se concerter, pour se donner et s'emprunter mutuellement tous les renseignements utiles sur le travail et les progrès, sur les caractères, les qualités et les défauts des élèves qui leur seront communs. Tel professeur, qui aura de l'influence sur un élève, pourra, par des admonestations, sauver ou seconder l'action sur cet élève de tel autre collègue qui lui serait moins heureusement adapté : dans les classes de lettres par exemple, le professeur de littérature servira l'action de son collègue de sciences ou de celui de langues vivantes. La comparution devant ce conseil exercera sur l'élève une influence, plus décisive peut-être, et en tout cas plus morale que des punitions. C'est d'ailleurs ce qui se passe dans quelques lycées, ou du moins entre quelques professeurs. Il serait utile de généraliser ces essais, isolés et exceptionnels. Les heures passées à ces réunions seraient défalquées des heures de service exigibles, ou seraient l'objet d'indemnités spéciales.

Enfin et surtout, le professeur ne devra pas être considéré indépendamment du maître d'études de ses élèves. Ils ne doivent faire qu'un, et c'est de cet accord étroit que dépendra le succès de l'éducation de leurs élèves communs. Le professeur passe en moyenne 3 ou 4 heures par jour avec ses élèves : c'est le répétiteur qui vit avec eux le plus de temps, et dans ces moments — pro-

menades ou récréations — où, les distances étant moins
sévèrement gardées qu'en classe, le maître a chance de
pénétrer plus sûrement au moyen de la conversation
dans la conscience de l'élève, par un conseil, par un
encouragement. Qu'on ne me prête pas ici l'intention
d'asservir les consciences, de briser les initiatives, de
rompre les caractères ! Loin de là ! Mais on ne peut nier
que c'est du maître d'études presque exclusivement que
relève la tenue, la conversation des élèves ; que c'est
lui, en étude, qui est le mieux placé pour leur donner
l'habitude de l'ordre, de la réflexion, de la propreté.
Et par conséquent j'ai raison de réclamer qu'entre le
professeur et lui il y ait un échange perpétuel de vues
sur les efforts de ces élèves, sur leurs défaillances, sur
leurs tendances enfin.

Pour rendre cette association plus facile et plus
étroite, je voudrais d'abord qu'ils fussent bien adaptés
l'un à l'autre, un maître scientifique ne devant jamais
être accouplé à un professeur de lettres ; qu'on se
guidât même pour les associer d'après leurs sympathies
personnelles, d'après leurs affinités ; qu'ils fussent liés
par une sorte de *cooptatio*, et que le maître suivît les
mêmes élèves pendant une série de trois années, comme
le professeur.

Puis je voudrais que le maître fût associé au professeur même dans l'enseignement. C'est l'unique moyen
de le relever aux yeux des élèves. Par exemple, ils pourraient, au début de l'année, régler de concert l'emploi
du temps, le choix des matières et celui des textes. Dans
le courant de l'année, le professeur laisserait au maître
le soin de la récitation et de la dictée des devoirs, la
charge des leçons particulières ou mieux de conférences
destinées à mettre au point les élèves entrés faibles dans la
classe ; la mission de continuer et de pousser aussi loin
que possible les explications orales de textes toujours
trop brèves en classe.

Cette association serait poursuivie jusque dans l'éducation morale proprement dite. Le professeur irait de temps en temps dans la cour pendant les récréations, il s'y mêlerait avec le maître aux jeux et aux conversations des élèves. Ils dirigeraient ensemble les promenades hygiéniques, et surtout les promenades instructives dans les musées, les usines, les ateliers. Ensemble ils conduiraient les visites d'élèves aux pauvres du quartier et dans les établissements charitables. Au bout de quelques mois de cette vie en commun, les élèves ne feraient plus entre leurs professeurs et leurs maîtres d'études la différence énorme qu'ils font aujourd'hui, et c'est le maître qui y aurait gagné.

Voilà, selon moi, les deux grandes manières d'entendre l'éducation à donner à la jeunesse. Ce sont deux systèmes très différents, l'un moralisant davantage en surface, l'autre en profondeur. Ils sont très acceptables l'un et l'autre, et chacun capable dans son genre de donner d'excellents résultats, pourvu que, quel que soit celui qu'on adopte, on s'y applique avec force et méthode, on s'entoure de tous les moyens nécessaires à son succès...

Lequel je préférerais pour l'Université, peu importe ; mais j'ai pensé qu'il ne fallait pas laisser se prolonger plus longtemps cette enquête sans que quelqu'un rappelât cette distinction essentielle et définît avec précision ce qui est l'objet même de notre examen. J'étais toujours tenté, en écoutant ceux qui m'ont succédé ici, de leur demander de quelle éducation morale ils voulaient parler, car ils me semblaient tantôt en dire trop, tantôt pas assez.

### DISCUSSION

M. le président CROISET fait remarquer qu'il y a deux parties dans la conférence de M. Rocafort : M. Rocafort a d'abord exposé l'éducation morale qui se donne en fait par l'enseignement dans les classes de lettres ; il a tracé ensuite le plan général et idéal d'un lycée où tous les maîtres, unis par une même vocation, donneraient une éducation morale plus entière. Il propose de réserver l'examen de cette seconde question pour la prochaine séance, et d'examiner tout de suite la première question.

M. THOMAS. — M. Rocafort a dit que l'enseignement des classes de lettres est moral par nature. Il est certain que les bons élèves profitent de cet enseignement et qu'ils en sortent améliorés moralement. Mais les élèves faibles en tirent-ils vraiment profit ? Non : car il est trop élevé pour eux ; et en le leur donnant, nous préparons des déclassés ; ne pouvant suivre ce qu'on leur enseigne, ils prennent des habitudes de nonchalance ; ils comprennent à demi, et n'ont pas d'idées nettes ; or, des idées vagues et des sentiments indécis ne peuvent former une volonté énergique.

Il faudrait donc être beaucoup plus sévère dans les examens de passage. Sans doute, il faut ouvrir l'enseignement secondaire aux bons élèves de l'école primaire ; mais là encore il faut se garder de laisser passer trop de non-valeurs, et d'encombrer les écoles d'enfants auxquels cet enseignement sera plus nuisible qu'utile.

M. STROWSKI pense que M. Thomas a raison : quand on suit les élèves de la cinquième à la rhétorique, on trouve dans cette classe un déchet moral considé-

rable; et cela ne vient pas seulement de ce que nos
élèves prennent des habitudes d'esprit mauvaises, mais
aussi de ce qu'ils contractent de mauvaises habitudes
de cœur. Un mauvais élève ne fait rien ; il songe à son
intérêt personnel, à des sports peu moralisateurs, et
c'est là qu'est le danger. Pour y parer, il faudrait se
montrer difficile sur la valeur intellectuelle des élèves.

M. Rocafort fait remarquer que ces objections ne
montrent pas que l'enseignement des classes de lettres
tende à donner autre chose qu'une bonne éducation
morale ; mais seulement que, de cette éducation, ne
profitent pas les élèves qui ne profitent pas de cet enseignement.

M. le Président pense que l'observation porte
cependant sur l'enseignement lui-même : on a dit que
cet enseignement est moralisateur pour un petit nombre d'élèves, mais qu'il reste au-dessus de la portée de
beaucoup d'autres, et qu'il peut même être nuisible à
ceux-ci.

M. Rocafort ne tire de ce fait qu'une conclusion,
c'est que l'éducation morale donnée par l'enseignement
n'est pas toute l'éducation ; et qu'elle n'est pas suffisante. .

M. Boudhors voudrait effacer l'impression un peu
pénible et, à ses yeux, inexacte, qui ressort de ce qui
vient d'être dit. Il semblerait, en effet, que, malgré nous,
nous démoralisions la majeure partie de nos élèves. On
ne peut accuser l'enseignement de cette impuissance,
et pas davantage les élèves de cette démoralisation.

C'est au professeur, avec une suffisante attention,
qui rentrera dans son devoir strict, d'empêcher que
l'élève qui ne réussit pas s'habitue à une déchéance

morale, qui ne peut être la conséquence d'une faiblesse en grec ou en latin. Souvent, d'ailleurs, ceux qui ont besoin d'être surveillés au point de vue moral sont des élèves très distingués, qui, réussissant facilement, prennent une trop grande confiance en eux-mêmes. Mais si l'élève faible, instinctivement, se replie sur soi et se désintéresse des études auxquelles on l'oblige à assister, c'est la faute du professeur et non celle des études littéraires.

A vrai dire, il n'y a pas d'élèves inintelligents au sens où on l'entend, ni d'élèves paresseux au sens absolu du mot; il y a des élèves qui ne sont pas suffisamment secoués, il y a des élèves paresseux parce qu'on ne s'en occupe pas. En général, nous montrons aux élèves que nous sommes contents d'eux quand ils ont fait des efforts; nous les félicitons pour un petit progrès d'attention. Dans ces conditions, il n'y a pas un élève dont on puisse dire que nous ayons arrêté la carrière en l'abandonnant à lui-même et en le condamnant à une sorte de déchéance morale. Nous ne blâmons les élèves que de ne pas faire le petit effort qu'ils pourraient faire. Quel que soit l'enseignement qu'on donne, la même difficulté se pose, et le même devoir pour le professeur d'empêcher l'élève de se mépriser lui-même.

M. Malet pense que MM. Thomas et Strowski ont eu raison de signaler un déchet moral dans les classes entre la cinquième et la rhétorique. Mais l'enseignement n'en est pas responsable. En cinquième, les mères s'occupent de leurs enfants, et travaillent pour eux; en rhétorique elles ne peuvent plus le faire, et les enfants ne travaillent pas, n'y étant pas habitués.

De plus, entre la cinquième et la rhétorique, il s'est produit une crise physique, qui joue un rôle considérable dans la transformation dont on parle.

M. Strowski. — C'est à cause de cette crise qu'il faut faire autre chose que ce que nous faisons. Il ne faut admettre dans les classes de lettres que ceux qui peuvent s'intéresser à ce qu'on y fait, et y trouver un aliment pour leur sensibilité.

M. le Président. — Plusieurs d'entre nous admettent la diminution de la valeur morale de certains enfants dans les classes de lettres. Mais il ne faut pas oublier que ces enfants sont à l'âge ingrat. On accuse de ce déchet la nature de l'enseignement, qui ne conviendrait qu'à des intelligences d'élite. Mais y a-t-il un enseignement qui convienne à la majorité des intelligences? Y a-t-il un enseignement qui, donné dans les mêmes conditions à des enfants du même âge, en tirerait plus que n'en tire notre enseignement? Ce serait, à vrai dire, un miracle, et on n'a pu définir cet enseignement-là.

M. Thomas n'accuse pas l'enseignement en lui-même, mais son défaut d'adaptation à l'esprit des enfants. Le professeur ne peut donner à chacun l'enseignement qui lui convient. Le tiers de la classe va bien, le reste mal. Aussi, que voit-on? tous les postes qui ne demandent pas d'initiative sont recherchés ; les autres sont désertés : notre enseignement enlève à la société des hommes qui auraient pu lui rendre des services.

M. le Président. — Il y a des élèves dont on peut dire qu'ils n'ont pas l'intelligence des exercices auxquels on les applique, et qui sont cependant intelligents. Ceux-là, il faut les diriger d'un autre côté. Mais, dans cette inégalité de nos classes, n'y a-t-il pas encore un fait contre lequel nous ne pouvons rien, un fait naturel, l'inégalité des intelligences, qui apparaît surtout à mesure que l'enfant grandit. A douze ans, elle n'apparaît pas beaucoup encore : elle se montre quand l'esprit se développe et que les années viennent. Ceux qu'on appelle les cancres, engagés dans n'importe quelle voie, même vers les carrières pratiques, seront toujours des cancres ; ils seront de mauvais ouvriers comme ils étaient de mauvais élèves. Il y a là une catégorie irréductible, dont il ne faut pas oublier de tenir compte.

M. BOUDHORS. — M. Thomas a peur qu'au lycée nos élèves ne reçoivent pas une préparation appropriée à leurs aptitudes. L'idéal serait qu'à chaque instant on pût faire le bilan des capacités de chacun, et le tourner du côté qui lui conviendrait le mieux. Mais quand sera-t-on sûr de ne pas se tromper, si on lui fait faire ce choix de bonne heure ? Il serait très dangereux, sous prétexte qu'un élève semble paresseux, de lui fermer la route.

Dans la mesure où cela est possible, cela peut d'ailleurs se faire à bon escient. Nous sommes consultés par les familles, et nous sommes enchantés quand nous voyons des familles comprendre qu'il n'est pas nécessaire que leur fils fasse des études secondaires, s'il a d'autres aptitudes et qu'il ne réussisse pas dans ses classes.

Mais, des « cancres », il n'y en a pas ; il y a des élèves qui, du premier coup, n'ont pas réussi: c'est à vous de leur montrer que, dès qu'ils font un effort, on les en félicite. Leurs études ne leur sont d'ailleurs pas du tout inutiles : l'explication littéraire d'un texte n'est pas faite seulement pour une élite ; elle ne dépasse pas les forces d'un élève ordinaire.

La classe de philosophie n'est peut-être pas accessible à tous ; mais on a tort de ne considérer que les classes à examen : l'examen n'est pas une partie essentielle de la classe ; il faut considérer celle-ci en elle-même ; et là, dans l'enseignement, il n'y a rien qui dépasse le niveau des élèves, quels qu'ils soient.

M. Thomas. — Il n'est pas possible de s'occuper de tous les élèves d'une classe nombreuse ; et nous ne pouvons pas nous désintéresser de quelques-uns, des moins forts.

M. Boudhors. — L'objection ne vise que l'organisation des classes, non l'enseignement lui-même.

M. Strowski. — On parlait tout à l'heure de détourner les enfants qui viennent de l'école primaire : mais, en général, ils s'intéressent plus à l'enseignement que les enfants riches : ce qui est vrai, c'est que l'enseignement secondaire n'intéresse pas toutes les natures d'esprits : et ceux qu'il n'intéresse pas ne sont-ils pas engagés dans une voie dang.. euse ? Il y a d'autres enseignements : mais les familles n'ont pas toutes le courage d'y aller. Or, notre enseignement, utile pour les bons élèves, risque fort de démoraliser ceux qui n'en retirent pas le fruit.

M. X... demande la permission d'invoquer l'opinion générale des élèves de son pays (la Roumanie) ; il y a chez eux une hostilité générale contre le latin, le grec et les mathématiques, qui sont les bases de l'enseignement officiel. Il vaudrait mieux organiser un enseignement spécial préparant aux carrières manuelles, et un autre enseignement qui ne conduirait à rien, et où on pourrait laisser subsister, pour ceux qui le veulent, l'enseignement des langues anciennes et des mathématiques. Ailleurs, il faudrait enseigner l'hygiène, la comptabilité, une langue vivante, un peu de sciences, et la morale. Cela éviterait au plus grand nombre le risque de sortir du lycée avec une instruction nulle. Le dégoût de l'élève, la haine qu'il a pour ce qu'on lui a enseigné, ont leur influence sur ses principes moraux.

M. le Président. — Tout le monde est d'accord

pour admettre qu'il doit y avoir plusieurs voies à ouvrir à l'enfant : mais la question qui nous préoccupe est de savoir si, une fois la séparation faite, il ne restera pas dans les classes des élèves qui, par insuffisance d'esprit ou de volonté, resteront au-dessous de ce qu'on leur enseigne.

M. RABAUD. — Il n'y a pas de cancres, comme l'a bien dit M. Boudhors ; il n'y en a pas, si l'attention de l'élève reste toujours éveillée aux exercices de la classe. Si les textes de leçons, les explications sont bien choisis, tous peuvent en tirer profit ; d'une version grecque on peut tirer une leçon, l'amour de la justice par exemple. Il faut pour exercer cette action morale qu'il n'y ait pas dans les classes trop d'élèves, et il faut aussi que les classes soient tenues avec fermeté.

M. PICARD ne croit pas qu'on puisse rendre la matière de l'enseignement responsable de la faiblesse et de l'insuffisance morale de certains élèves ; un enseignement désintéressé peut agir même sur les élèves faibles ; qu'on adopte le système qu'on voudra, il y aura toujours dans les classes le même déchet.

M. LE PRÉSIDENT. — Ce qui ressort de la discussion, c'est l'importance qu'il y a, au point de vue moral, à supprimer les « queues » de classe, ou à les rendre peu nombreuses ; et nous y réussirons d'autant mieux que nous serons plus convaincus de l'importance du problème.

Séance du 14 février 1901.

La discussion est ouverte sur les deux systèmes d'éducation proposés par M. Rocafort.

M. WEILL. — M. Rocafort a opposé deux systèmes d'éducation : l'éducation par l'enseignement, l'éducation donnée systématiquement et continuellement par tout le personnel du lycée, inspiré d'une même vocation et dirigé par la même doctrine. Ce second système étoufferait l'initiative et détruirait la personnalité de l'enfant. Il serait détestable.

M. Rocafort a dit de plus qu'il fallait choisir entre les deux ; mais cette opinion est trop absolue ; on peut emprunter au second certains traits ; par exemple, le second système n'est pas nécessaire pour établir une entente des maîtres ; il n'est pas nécessaire pour permettre d'intervenir discrètement auprès des élèves qui ont besoin d'être soutenus ou repris.

M. MALET. — Le second système de M. Rocafort aurait pour résultat de faire sortir des lycées des jeunes gens frappés tous sur le même type. Ce système existe : il est appliqué dans des maisons qui ne donnent pas l'éducation universitaire. Il a peut-être été appliqué aussi dans l'Université sous Napoléon I<sup>er</sup> : on demandait alors aux professeurs d'être des caporaux d'âmes. Mais ce n'est pas là l'éducation que l'Université d'aujourd'hui veut donner, et qu'elle donne. Il faut repousser complètement ce système.

Mais il en faut garder certains éléments : la collaboration des répétiteurs et des professeurs donnerait d'excellents résultats; un homme qui vit auprès des jeunes gens, sans être constamment avec eux, pour n'être pas traité par eux seulement en camarade, peut beaucoup pour leur éducation.

M. Kontz. — Un lycée ou un collège sont toujours avant tout pour les familles des établissements d'*instruction* publique : l'autre étiquette, *éducation*, on la garde pour d'autres maisons qui en ont tiré parti. Il s'est fait là-dessus une légende : on dit que nous ne nous occupons pas de l'éducation morale.

M. Rocafort a déterminé les conditions qu'il faudrait remplir pour donner effectivement et efficacement cette éducation. Il a dit qu'il y fallait le concert de toutes les forces de la maison, et la vocation. Sur le premier point, il a paru croire que ces forces ne trouvent pas à s'exercer en pleine liberté : quant aux vocations, il a donné à entendre qu'elles sont rares. Comme conclusion, il a indiqué qu'il doutait que l'Université pût réaliser ces conditions de l'éducation morale.

Le souci de l'éducation ne remonte qu'à quelques années; jusque-là le terme était banal, peu expressif. Nous en sommes venus à nous demander si nous nous préoccupions vraiment de l'éducation, et nous nous sommes aperçus que nous faisions de l'éducation sans le savoir, qu'il y a une éducation qui ressort de l'enseignement. Mais donnons-nous aussi l'éducation directement? Le professeur, nous dit-on, hors de sa classe, n'aurait pas le temps, ni l'occasion, ni la facilité d'exercer un apostolat dans les récréations, dans les promenades. Quant aux répétiteurs, ils sont virtuellement des éducateurs, étant en contact permanent avec les élèves. Mais s'il y a parmi eux beaucoup d'éléments excellents, il y a aussi bien des indifférents : ce sont des forces non employées, qui sommeillent. Il s'agit de les mettre en action.

Peut-on imaginer des conditions meilleures qui permettraient d'atteindre ce but? M. Rocafort a dit qu'on pourrait le faire, si le collège ressemblait davantage à une famille. Peut-on produire cette ressemblance? Ce n'est pas impossible. Le moyen le plus efficace pour y arriver, ce serait de pratiquer la décentralisation : de faire que chaque établissement s'appartînt plus à lui-même, et devînt un organisme où tous les organes concourraient à la même fonction. La décentralisation ne doit pas consister à déléguer à l'autorité académique une partie des fonctions du pouvoir central : elle n'aboutirait qu'à rapprocher du lycée une surveillance extérieure, qui est une entrave. Le mieux serait de chercher dans le sens du vœu émis en 1899 par la *Société pour l'étude des questions d'enseignement secondaire*, et qui est ainsi conçu :

« Dans la limite de principes très généraux, fixés par le ministre et le Conseil supérieur, tous les détails de la vie intérieure de chaque établissement seront réglés par le chef d'établissement, d'accord avec le conseil de discipline et l'assemblée des professeurs. »

Si l'on adoptait ce vœu, le lycée ou le collège deviendraient en quelque sorte une image de la famille.

Nous avons bien les conseils, mais une partie sont restés inactifs, parce qu'il manque un moteur principal. Si par la décentralisation on augmente l'initiative du proviseur, alors on pourra, dans la maison, grâce à ces conseils, se sentir les coudes. Chacun, individuellement, ne se sentant plus isolé, donnera de soi tout ce qu'il peut donner.

Il y faudrait ajouter encore la possibilité pour le chef de la maison de donner son avis sur le choix de ses collaborateurs, et surtout des répétiteurs.

Grâce à ces réformes, le lycée et le collège pourraient porter le double titre d'établissements d'instruction et de maisons d'éducation.

Si c'est là un idéal qu'on ne peut atteindre, rien du moins n'empêche de s'en approcher.

M. le Président. — Les deux premiers orateurs ont surtout combattu l'idée du lycée familial, qui ferait de tous les élèves la reproduction du même exemplaire moral. D'autre part, M. Kortz, en faisant ses réserves sur des points de détail, admet que le lycée peut et doit se rapprocher de la famille. Peut-être ce qui a effrayé les premiers orateurs est que M. Rocafort considérait cette conception comme incompatible avec la neutralité : il faut s'entendre sur ce point.

M. Rocafort dit qu'il a voulu exposer deux manières de voir : sur la seconde, on vient d'exprimer des craintes qu'il ne partage pas. S'il connaissait un établissement qui ne fît que des saints ou des héros, tous sur le même modèle, cette uniformité ne lui ferait pas peur. En France, la neutralité confessionnelle s'impose ; mais, volontiers, il n'en admettrait pas d'autre. Dans la famille, on ne pourrait donner une solide éducation morale si l'on avait à côté de soi d'autres influences contraires. Il en est de même au lycée, qui est une famille élargie.

M. Boudhors. — Le système de M. Rocafort est excellent pour un père de famille, parce que le père a des convictions, et une responsabilité. Il peut essayer de former son enfant selon son idéal. Mais au lycée, si l'on veut appliquer ce système, il faudra que proviseur, professeurs, répétiteurs, ne fassent plus qu'un seul et même homme. C'est à cela qu'aboutit M. Rocafort, quand il parle du professeur qui devrait suivre l'enfant d'année en année ; qui devrait être relié au proviseur par une attache doctrinale ; qui, ne pouvant être lui-même le répétiteur, devrait du moins communiquer constamment avec lui.

On semble regretter que le lycée ne soit pas la famille, où il n'y a qu'un chef. Mais cela est tout à fait impossible. Le lycée est un groupe de professeurs et de répétiteurs sous la direction du proviseur. Il faudra donc que tous ces individus fassent abstraction de leur personnalité propre pour se créer une personnalité factice, qui n'en serait pas une, pour se soumettre à la volonté du proviseur ou à l'État. Ce serait le système le plus déplorable, puisque les professeurs ne pourraient avoir leurs propres idées : c'est un système humainement impossible.

L'idée qui l'inspire est mauvaise sous toutes ses formes ; c'est l'idée cléricale, c'est l'idée napoléonienne, c'est l'idée jacobine. Il ne doit pas y avoir d'esprit dogmatique dans l'éducation du lycée. L'éducation morale universitaire ne vaut que par le commun désir des maîtres de donner à leurs élèves la volonté du bien. Le seul moyen de rendre notre enseignement efficace, c'est que chacun soit libre de se consacrer à sa tâche : que l'entente soit seulement dans la poursuite d'un même but, qui est de faire des hommes ayant l'esprit juste et la volonté de faire le bien, et de bons citoyens. Sortir de là, ce serait tomber dans des doctrines dangereuses, ce serait la mort de l'enseignement secondaire.

M. BECKER. — L'Université peut donner l'éducation morale, et elle la donne déjà. Il n'y a pas à ce point de vue de crise de l'enseignement secondaire. Si nos lycées ne donnaient pas l'éducation, on le verrait à quelque signe précis. Or, nulle part on n'a montré par des faits ou des chiffres que les élèves de l'Université aient été moralement inférieurs à d'autres.

On dit : Le lycée doit être une famille. Mais déjà il en est une. Dans la famille, dit M. Rocafort, on peut donner l'éducation, énoncer des préceptes et les enfoncer dans l'esprit par une action toujours répétée dans le même sens. Mais, dans la famille, ce n'est pas ainsi que se donne l'éducation ; elle ne se donne vraiment que par l'exemple. C'est ce qui se fait aussi dans les lycées. S'il y a des professeurs qui ne le font pas, cela tient à ce qu'ils ne sont pas des éducateurs ; et, à cela, les règlements ne peuvent rien changer.

Dans nos classes, on apprend la loi du travail, le respect des opinions d'autrui, la tolérance, la bienveillance.

En se posant la question qu'elle se pose, en se demandant si elle donne l'éducation morale, l'Université atteste son amour du progrès, le désir qu'elle a de s'améliorer toujours. Elle a subi une espèce de suggestion : on est arrivé à lui faire croire qu'elle était malade ; elle ne l'est pas.

M. Rocafort est d'accord avec M. Boudhors et M. Becker sur ce point que nous donnons une très valable éducation morale par l'enseignement. Quant à l'éducation morale telle qu'on la trouve dans la famille, nous ne sommes pas actuellement en état de la fournir, et j'en ai énoncé les raisons. Mais je n'empêche pas, au contraire, que nous nous efforcions de nous en rendre capables. Commençons par nous donner l'unité des vues.

M. le Président. — Après ces paroles, la question est plus nette. M. Rocafort ne fait pas de reproches à l'Université : il constate une lacune que, d'après lui, on ne peut combler. Mais cette opinion est discutable. S'il y a une lacune, elle n'est pas irrémédiable, et sur bien des points l'éducation peut se faire efficacement. On peut trouver dans l'Université, telle qu'elle existe, les agents nécessaires à cette action éducative ; ce qu'il faut ici, ce n'est pas mettre le professeur ou le répétiteur en communication constante avec les élèves, ce qui aurait plus d'inconvénients que d'avantages, c'est bien plutôt donner au proviseur le temps et les moyens de remplir son premier rôle : celui d'un père de famille, non pas d'un père qui prêcherait ou ordonnerait, mais d'un père qui saurait se faire aimer.

M. MALAPERT. — M. Rocafort vient de modifier en partie l'opinion qu'il avait paru soutenir dans sa conférence. Mais il reste que, pour lui, il y a deux éducations morales : l'éducation par l'enseignement, que nous donnons, et l'éducation complète, comparable à celle de la famille, qui implique unité de vues et que nous ne pouvons donner. Sur celle-ci, il est nécessaire de s'entendre : il faut savoir si on la regarde comme la véritable éducation morale, et si nous devons nous résigner à ne pas y atteindre.

Qu'est-elle au juste, cette éducation ? En quoi vaut-elle mieux que celle que peut donner l'Université, en continuant l'œuvre qu'elle accomplit dès maintenant, et en s'occupant seulement d'améliorer certains des moyens qu'elle a pour l'accomplir ?

Pour résoudre cette question, il faut se décider à savoir quel idéal on a en vue. Quand on parle d'idéal éducatif, on peut avoir dans l'esprit des choses bien différentes. Pour nous, l'éducation, c'est l'élévation de l'enfant ; mais quand on parle de cette éducation complète, on songe à pétrir son âme, à imposer à sa conscience une sorte de fabrication extérieure. C'est pourquoi on dit qu'il faut le surveiller, le suivre partout, de façon qu'il trouve partout la même vérité, la même morale, les mêmes mots. Cet idéal, c'est proprement l'idéal de l'éducation ecclésiastique, où tous les maîtres se répètent, parce qu'ils ont tous la même robe, qu'ils sont tous les serviteurs d'une même foi, qu'ils se réfèrent tous à une même autorité, à une même doctrine bien définie.

Si c'est là *l'autre* éducation, cette éducation *totale* à laquelle nous ne pouvons pas atteindre, il est tout à fait honorable pour l'Université de ne pas pouvoir y atteindre.

Notre éducation universitaire s'inspire de principes tout différents. Elle vise à former l'individu : et on ne donne cette éducation-là que si on évite de frapper perpétuellement sur les mêmes clous. Si on soumet constamment l'enfant à la même action, si on fait peser sur son esprit toujours les mêmes formules, si jamais on ne le livre à lui-même, on arrive à ruiner sa personnalité : et si c'est cela qu'on veut, alors il faut en effet que tous les maîtres soient d'accord, il faut supprimer entre eux toute diversité et commencer par les plier à la même règle commune. Mais si l'on veut au contraire développer la personnalité de l'enfant, il faudra commencer par lui donner chez les maîtres l'exemple d'une personnalité forte. Les diversités, les discussions sont au point de vue universitaire la condition même de l'éducation morale.

Il faut ajouter d'ailleurs que cela n'empêche nullement le maître d'exercer une action directe par l'exemple de ses efforts, de son caractère, de sa bonne volonté. On peut (et c'est ce qui se fait), on peut exercer sur ses élèves une action personnelle, directe, immédiate, sans avoir besoin de tout transformer et de tout changer.

Si on arrive à obtenir leur confiance et leurs confidences, on obtiendra des résultats excellents ; on exercera une action, non pas seulement sur leurs fautes d'écoliers, mais sur leurs défauts d'ordre moral : et ces directions morales individuelles agissent sans opprimer la conscience de l'enfant ; elles consistent au contraire à lui faire sentir qu'on le traite comme un homme, qu'il sera plus tard, ou qu'il devrait être.

Il y a pour cela mille moyens à employer, dont

l'efficacité est certaine, et dans le détail desquels il n'y a pas ici à entrer. Pour en juger, il suffit de prendre un exemple, entre cent autres : un jeune homme a été au lycée élève moyen dans une classe de philosophie ; il a quitté le lycée depuis plusieurs années ; il est allé en Angleterre. Son ancien professeur de philosophie reçoit de lui une lettre dans laquelle il lui expose ses doutes, le met au courant d'une crise morale qu'il traverse, lui demande conseil. De pareils faits, qui sont fréquents, montrent ce qu'est, ce que peut être l'éducation morale donnée au lycée, et qu'il est inutile de chercher pour la donner d'autres moyens que ceux qui sont à notre disposition, et qu'il est faux de prétendre que nous ne donnons ni ne pouvons donner une très réelle et très forte éducation.

M. ROGAFORT. — M. Malapert vient de me faire un peu le procès de tendance que j'avais voulu éviter en n'introduisant pas dans ma conférence de point théorique. Je ne le suivrai pas. Mais je ne refuse pas de constater qu'à la base de l'enseignement moral nous ne mettrions peut-être pas, M. Malapert et moi, exactement les mêmes principes, tout au moins avec la même force. Je serais facilement au lycée un spiritualiste dogmatique.

M. STROWSKI. — Il faut ajouter quelque chose à ce que vient de dire M. Malapert. Il ne suffit pas d'élever l'individualité ; toute individualité n'est pas bonne : il faut ajouter à cela l'idée du bien, de la vertu. Il est alors excellent de développer en chacun ses facultés intérieures vers le bien.

Mais, pour cela, ne faut-il pas une éducation précise et suivie ? Il faut d'abord étudier la conscience de l'enfant, pour connaître ses défauts propres, qui, à chaque moment, viennent entraver sa personnalité. De plus, cette personnalité n'est pas elle-même facile à discerner ; l'enfant est un être imitatif ; et il imite à tort et à travers ; ce qui lui convient et ce qui ne lui convient pas, il a besoin d'être averti et dirigé.

On a dit qu'un idéal commun de morale est dangereux : c'est vrai, s'il s'agit d'un idéal religieux ; mais il y a certains principes sur lesquels tout le monde est d'accord. Il faut les apprendre à l'enfant : et, pour les lui apprendre, il faut les formuler. Cela ne veut pas dire que chacun n'aura pas son individualité.

Ainsi, à côté de l'éducation par l'enseignement, par la méthode, par l'enthousiasme, il y a celle que donne le professeur à chaque élève individuellement, en étudiant son âme, et il y a celle qui est faite des idées communes, et qui s'appuie sur une véritable doctrine morale.

M. MALET. — Il est évident que nous devons donner l'éducation par l'exemple ; mais ce qui est inutile, c'est de la formuler. Si on veut la formuler, qui la formulera ? Il est à la fois inutile et dangereux de traduire ces idées communes qui font l'honnête homme dans un catéchisme officiel, qu'il faudra apprendre et répéter dans les examens.

M. RABAUD. — On est d'accord que, sans avoir une doctrine officielle universitaire, chacun doit donner l'éducation morale. On vient de rappeler comment cette éducation doit se donner ; principalement par l'exemple, s'il s'agit de former l'homme intérieur. Mais cela ne suffit pas en un temps de démocratie comme le nôtre ; il faut former l'homme destiné à vivre dans une démocratie républicaine.

M. BILLAZ voudrait toucher à un autre point, et s'occuper un peu de l'homme extérieur. On parle toujours de l'éducation morale à un point de vue très élevé ; là-dessus, nous sommes tous d'accord.

Mais il y a autre chose dans l'éducation. Ce qui nous frappe quand nous parlons d'éducation avec des pères de famille, c'est qu'ils entendent par éducation une éducation des manières, de la tenue, des habitudes, un savoir-vivre, en un mot, dont peut-être nous ne nous soucions pas assez dans l'Université.

On a parlé d'individualisme. M. Malapert a parlé, d'ailleurs avec exagération, du *perinde ac cadaver* des maisons d'à côté. Mais comment expliquer dans ce cas que des familles très catholiques confient leurs enfants à l'Université, et inversement? N'exagérons rien, et voyons si nous n'aurions pas quelque chose à apprendre de nos rivaux.

A la vérité, ce que nous demande le public, c'est d'apprendre à nos élèves le savoir-vivre, de leur donner l'habitude de refréner les manifestations trop vives et intempestives de l'individualité. Apprenons-leur à dire sincèrement ce qu'ils pensent, mais à le dire courtoisement. Que leur franchise soit de bonne compagnie.

De plus, au point de vue de l'hygiène et de la propreté, nos élèves ne font pas toujours leur devoir : et c'est ce dont on se plaint en réalité : on ne nous reproche pas de ne pas donner l'éducation élevée, idéale des philosophes, mais de mépriser un peu trop les prescriptions très terre à terre du code des gens bien élevés.

M. Boudhors. — Cette tenue très correcte de certains enfants, qui plaît aux familles, n'est peut-être que le signe de l'inertie intellectuelle et morale, et ces apparences brutales qu'on reproche à nos élèves ne sont peut-être aussi que l'excès passager de la vigueur d'esprit et de l'activité intérieure. Des enfants qui sont vraiment vivants ont des opinions et veulent en avoir ; il vaudrait mieux assurément qu'ils eussent en plus le sens de la mesure ; mais il est explicable qu'ils ne le possèdent pas d'abord.

Quant à la bonne tenue extérieure, elle est souvent le signe d'une attention dirigée ailleurs qu'à l'activité de la pensée. Si les familles désirent surtout cette éducation extérieure, ce n'est peut-être pas à nous de les suivre sur ce terrain. Nous devons maintenir que ces qualités-là ne sont que des qualités de détail.

Il est d'ailleurs souvent difficile et délicat pour nous d'intervenir dans ces questions.

M. LE PRÉSIDENT. — Il y a cependant quelque chose à faire. Nous savons tous l'impression qu'éprouve un enfant qui sort de sa famille et qui entre au lycée comme interne. C'est une impression d'abandon qui s'exagère par la sensibilité de l'enfant. Ce qui lui manque, c'est le soutien, le réconfort qu'il trouve dans sa famille : il peut l'avoir au lycée, grâce au proviseur, qui est renseigné sur lui, qui connaît sa famille, qui peut agir sur lui, et lui montre qu'il n'est pas abandonné.

C'est là qu'est le mal à combattre, et c'est ainsi qu'on peut entendre l'éducation familiale au lycée : il ne s'agit pas de catéchisme à enseigner ; et, d'autre part, les progrès de la tenue, de l'hygiène, dépendent surtout des progrès de l'éducation publique.

Le grand point, c'est de développer et de maintenir la bonne volonté de l'enfant ; pour cela, il faut compter sur l'action des maîtres par l'exemple, par l'enseignement, puis sur l'action directe et plus délicate du proviseur, plus que sur celle des répétiteurs, qui sont trop jeunes en général, et qui n'ont pas aux yeux de l'enfant le prestige nécessaire pour exercer cette forte action.

M. BOITEL. — Il faut à l'éducateur l'unité de la famille ; c'est le proviseur qui peut ici servir de trait d'union ;

pour atteindre ce but, il serait bon que le proviseur pût réunir les familles, et leur expliquer la règle de la maison.

M. Thomas. — Sur les principes de la morale, on est d'accord ; mais il y a une entente nécessaire sur les moyens de diriger les enfants, de les améliorer, de les encourager. Cette entente n'existe pas ; une enquête faite il y a quelques années par M. Marion l'a conduit à cette conclusion. Certains professeurs vivent plusieurs années à côté de leur proviseur, sans se concerter avec lui, sans s'informer auprès de lui ou le renseigner.

C'est de ce côté qu'il faut faire quelque chose. On a dit que nos élèves restent attachés à leur professeur. Mais s'attachent-ils de même à la maison ? Non, et cela est regrettable. Il y a beaucoup de bonnes volontés, mais il manque une autorité qui sache les utiliser. Il y a de ce côté des réformes à faire.

M. Rabaud. — Le proviseur doit servir d'intermédiaire entre les professeurs et les familles : souvent, au contraire, il met obstacle à ces rapports.

De plus, il faut utiliser les professeurs et les répétiteurs, et non pas seulement le proviseur, qui est très redoutable aux yeux des élèves, et auquel ils n'osent pas s'adresser. Le répétiteur est jeune, dit-on, mais c'est là un avantage, et il est par là plus près de l'élève, qui s'adresse à lui en toute confiance. De plus, le congrès des répétiteurs a prouvé que la plupart des répétiteurs sont tout prêts à prendre en main cette tâche.

Il existe bien des moyens d'entrer en relation avec les élèves hors de la classe. Les maisons non universitaires n'ont pas le privilège de l'action continuée après la classe, au sortir du lycée, sur les anciens élèves, et il ne serait pas inutile de les imiter sur ce point.

# VII

Séance du 28 février 1901.

## L'ÉDUCATION MORALE PAR LES CLASSES

### CLASSES DE SCIENCES

Exposé fait par
### M. Ch. BIOCHE
Professeur de Mathématiques au lycée Louis-le-Grand

Dans les séances de la commission qui a organisé cette série de conférences, on a fait observer que les professeurs représentant les différents ordres d'enseignement se trouveraient, peut-être, redire plusieurs fois les mêmes choses : mais on a conclu que cette répétition ne serait pas sans intérêt, car elle montrerait l'accord existant sur bien des points entre les membres de l'Université, quelques variées que puissent être leurs opinions ou leurs tendances.

Je reviendrai donc brièvement sur certaines choses déjà dites. On a fait observer que l'éducation morale se donne au lycée, surtout par l'exemple; de sorte qu'elle ne dépend pas essentiellement de l'objet même de l'enseignement. Je citerai à ce propos deux témoignages.

Dans la notice que j'ai eu le douloureux devoir d'écrire sur mon camarade Léon Lefèvre, pour l'Annuaire de l'École normale, j'ai inséré une note d'un ancien élève de Lefèvre, devenu lui-même professeur; j'en citerai quelques lignes : « Il nous donnait l'*exemple* de l'effort, de la continuelle tendance au mieux... Son rôle comme professeur et comme *éducateur* fut considérable. »

Le second témoignage m'est personnel. J'ai eu, comme professeur de physique au lycée de Lyon, M. Voigt, auquel je suis heureux de pouvoir rendre publiquement hommage en cette circonstance. J'ai pu constater, en retrouvant au bout de longues années des camarades de classe, combien était profonde l'impression que ses élèves avaient gardée de lui. Cependant, M. Voigt ne nous faisait pas de longs discours sur la morale; il se contentait de faire son devoir en conscience et de nous donner ainsi le bon exemple. J'ajouterai que je n'ai jamais su, que je ne sais pas encore, quelles pouvaient être ses opinions politiques ou religieuses; ceci me semble bon à noter en passant.

Si le professeur de sciences ne peut enseigner la morale en faisant des sermons, il peut, comme tout autre, donner bien des conseils utiles dans les causeries à la sortie de la classe. Je l'ai constaté maintes fois; je crois même que le professeur de sciences a, dans certains cas, un petit avantage aux yeux des élèves; c'est un ancien *taupin*, et j'ai souvent pu dire à mes élèves bien des choses, en leur parlant non à titre de professeur mais à titre de vieux taupin.

On a parlé du rôle de la famille dans l'éducation. J'ai constaté assez souvent que des élèves qui, chez eux, étaient médiocrement soumis à leurs parents, gagnaient à être obligés d'observer en classe certaines règles de discipline générale. Et pourtant, je dois dire que la discipline que je leur imposais n'était pas particulièrement sévère. L'obligation de la régularité, l'exemple du travail consciencieux de la part du maître et aussi des camarades produisent tout naturellement d'excellents effets.

On a répété, à bien des reprises, et très justement à mon avis, que l'enseignement secondaire, tel qu'il est donné dans nos lycées et collèges, a par lui-même une vertu éducatrice. Ceci m'amène à dire quelques mots du caractère général de cet enseignement.

Puisque je me trouve être le seul professeur de sciences appelé à prendre la parole pour faire ici une conférence, je tiens à dire que je considère l'enseignement littéraire comme une excellente préparation à l'enseignement scientifique. D'ailleurs, j'ai eu souvent l'occasion de dire à mes élèves que, lorsqu'ils mettaient un problème en équation, ils ne faisaient pas autre chose que procéder à une analyse logique de l'énoncé et à sa traduction au moyen de notations spéciales; de sorte que ce sont toujours aux mêmes facultés fondamentales que font appel les divers professeurs; la variété des exercices ayant pour but le développement le plus complet de ces facultés. Les enseignements littéraires et scientifiques doivent donc se compléter les uns les autres; et si l'harmonie des divers enseignements est désirable en tout pays, n'est-elle pas particulièrement conforme au génie de notre nation ? Car il est impossible de faire une histoire de la littérature ou de la société en France sans nommer un Descartes, un Pascal, un Buffon et d'autres encore; et il ne me semble pas que chez les autres peuples les grands savants aient eu un rôle aussi important dans la littérature et la société.

L'enseignement donné au lycée doit avoir pour but beaucoup plus de former les élèves, de leur donner de bonnes habitudes de travail et d'exercer leurs facultés que de leur faire apprendre beaucoup de faits et de notions immédiatement pratiques. On a dit, ici même, qu'il s'agissait de rendre les élèves capables de se former et je retrouve dans des notes, très anciennes, une citation de l'historien anglais Gibbon qui me semble donner une formule très exacte : « Tout homme qui s'élève au-dessus du niveau commun reçoit deux éducations : la première de ses maîtres, la seconde, plus personnelle et plus importante, de lui-même. » C'est cette seconde éducation que nous devons préparer; or, la première en est la base; notre rôle, si modeste qu'il puisse paraître, a donc sa nécessité, c'est ce qui le rend à la fois délicat et honorable.

J'arrive maintenant aux questions dont j'ai à vous entretenir plus particulièrement; je tâcherai de le faire de façon à pouvoir intéresser l'ensemble des auditeurs de ces conférences, c'est-à-dire sans entrer dans le détail de discussions pédagogiques trop spéciales.

Je vais essayer d'indiquer comment l'enseignement scientifique peut contribuer à l'éducation morale; je parlerai tout spécialement de l'enseignement des mathématiques, parce que c'est celui que je connais bien, et que d'ailleurs mes collègues, professeurs de sciences physiques et naturelles, pourront dire avec plus d'autorité que moi, le parti qu'on peut tirer des autres enseignements scientifiques.

Vous avez entendu citer de très intéressants exemples de digressions donnant lieu d'introduire quelques réflexions morales au sujet d'une leçon de sciences dans les classes élémentaires; dans les classes supérieures, où le temps est absorbé par l'étude d'un programme précis et détaillé, de pareilles digressions ne sont guère possibles. On n'a pas non plus le secours des textes qui, dans les classes de lettres ou de grammaire, prêtent à des commentaires moraux ou les suggèrent tout naturellement aux élèves sans que les professeurs aient besoin d'y insister.

Cependant l'enseignement scientifique n'est pas essentiellement dénué de toute portée morale. Je dois dire, pour éviter toute méprise, que j'entends la morale dans un sens très général. Outre les grandes vertus et les sentiments d'ordre élevé, il faut, dans la pratique de la vie, beaucoup de petites qualités qui sont d'une utilité journalière. Ces petites qualités, attention, netteté d'esprit, etc., sont pour moi du ressort de la morale aussi bien que les vertus de probité, de sincérité et autres. Or, l'enseignement scientifique donne lieu de développer ces petites qualités ; j'irai même jusqu'à dire qu'il n'est pas sans influence sur certaines qualités se rattachant aux vertus morales proprement dites.

A la fin de la dernière séance, un de mes collègues m'a dit : « Vous allez nous parler la prochaine fois du rôle de la table de multiplication en morale. » Bien qu'au premier abord cela puisse paraître un peu paradoxal, je voudrais vous montrer qu'on peut en effet parler de la table de multiplication sans sortir du sujet de ces conférences.

A quoi sert la table de multiplication ? A effectuer une opération arithmétique très élémentaire : or, il faut observer :

1° Que le résultat de cette opération ne peut être obtenu, par qui que ce soit, que si l'opération est faite avec une grande attention. Or, l'habitude de faire avec attention et soin tout ce qu'on fait est précisément une de ces petites qualités de morale pratique dont je parlais tout à l'heure.

2° Que toute opération est sujette à erreur, que des vérifications sont nécessaires ; d'où cette conclusion que l'opérateur, constatant qu'il est susceptible de se tromper en faisant une multiplication, se trouve rappelé à la pratique d'une vertu morale proprement dite, l'importante vertu de modestie.

Je pense pouvoir me borner à cette rapide démonstration faite à propos d'un exemple tout simple.

Il ne me semble pas nécessaire d'insister beaucoup sur le profit qu'on peut tirer de cette sorte de gymnastique intellectuelle qui constitue l'étude, même élémentaire, des mathématiques. L'importance qu'on a attribuée de tout temps aux mathématiques, pour l'entrée aux écoles militaires, donne à ce propos un argument de fait bien connu. D'ailleurs, comme le disait bien justement

Fontenelle, il y a deux cents ans : « Il est toujours utile, de penser juste, même sur des sujets inutiles : quand les nombres et les lignes ne conduiraient absolument à rien, ce seraient toujours les seules connaissances certaines qui aient été accordées à nos lumières naturelles, et elles serviraient à donner plus sûrement à notre raison la première habitude et le premier pli du vrai. »

Les mathématiques ont, au point de vue de l'éducation générale, un avantage particulier; leur étude donne lieu à un travail tout à fait personnel. La plupart du temps on expose aux élèves des résultats d'études qu'ils ne peuvent pas faire eux-mêmes ou contrôler directement.

En lettres ou en histoire, par exemple, ils ne peuvent faire œuvre personnelle que dans une faible mesure. Une expérience de physique ou de chimie faite en classe ne suffit pas à donner l'idée complète des travaux de laboratoire qui l'ont précédée. Au contraire, quand un élève a résolu un problème élémentaire de mathématiques, il a employé les procédés qu'aurait employés un savant. Il peut arriver à trouver quelque chose *par lui-même*; le résultat qu'il obtient n'est pas nouveau, mais pour l'élève ce peut être une découverte et il y est parvenu par des procédés qui peuvent être analogues à ceux des premiers auteurs de cette découverte. En résumé, les mathématiques ont l'avantage d'être une science dont les élèves peuvent pratiquer la technique d'une façon aussi complète que possible : et cela dès les débuts.

On a parlé, au cours des discussions précédentes, du manque de précision de l'enseignement littéraire; l'élève qui fait un devoir français est plus ou moins un écho; il reproduit ce qu'il a entendu dire en classe et ce qu'il a lu. Un problème de mathématiques donne lieu, pour lui, à un travail plus personnel et plus précis; de sorte que l'étude des mathématiques vient compléter l'éducation générale et corriger les inconvénients qu'aurait une éducation trop exclusivement littéraire.

Le progrès dans les études scientifiques élémentaires est dû en grande partie aux qualités d'attention soutenue et de ténacité persévérante qui sont bien des qualités proprement morales. Il est vrai qu'il y a chez certains élèves des aptitudes spéciales, chez d'autres, au contraire, défaut d'aptitudes ; mais, si on considère la moyenne générale, il me semble avoir constaté très ordinairement que ce sont les qualités que je viens de rappeler qui jouent le plus grand rôle dans les progrès faits.

Après avoir parlé des avantages que peut présenter l'étude des mathématiques, je dois signaler un danger : celui de l'abus de l'abstraction et des formules. L'enseignement des sciences physiques et des sciences naturelles ayant pour objet, non des abstractions, mais des réalités concrètes, a tout naturellement son utilité comme contrepoids. Mais je ne veux pas insister sur ce point : je préfère laisser mes collègues le traiter tout à l'heure s'ils croient que ce soit nécessaire. Je voudrais, en restant sur le terrain de l'enseignement mathématique, indiquer ce qui peut être fait.

D'abord, il est essentiel d'insister sur les applications concrètes des méthodes et des formules : ce qui est trop général et trop abstrait ne se conçoit pas toujours d'une façon claire, et on n'a une idée nette d'un énoncé abstrait que lorsqu'on peut en trouver des exemples concrets. Il serait difficile d'entrer dans trop de détails : je risquerais de n'intéresser que ceux de mes auditeurs qui appartiennent au même ordre d'enseignement que moi. Mais il y a certains points que je voudrais faire ressortir :

1° La très grande utilité d'exercer les élèves, plus qu'on ne le fait maintenant, à la pratique du calcul sous toutes ses formes.

2° La nécessité de leur faire reconnaître le degré d'exactitude que peut avoir le résultat d'un calcul, lorsque les éléments de celui-ci ne sont pas donnés *a priori*, mais déduits de mesures pratiques. Il y a là un exercice très propre à développer des qualités essentielles, et à éviter les erreurs grossières dues à l'abus des formules employées sans critique.

J'insiste surtout sur ces points parce qu'ils me semblent trop souvent négligés, bien qu'on puisse facilement en reconnaître l'importance.

Enfin, je rappellerai qu'il ne faut pas perdre de vue que l'enseignement ne doit pas avoir un but d'utilité trop immédiate.

L'histoire des sciences montre, comme l'a constaté récemment le président de l'Académie des sciences, combien se trompent les utilitaires purs : « qui n'apprécient la science qu'en tant qu'elle peut leur être d'un profit immédiat, qui se plaignent qu'on en enseigne toujours trop dans nos écoles et qui regardent comme une superfluité toute celle qu'ils ne puisent pas dans ces formulaires, manuels, aide-mémoire, dont quelques-uns, faits consciencieusement, auraient leur utilité — et encore pour ceux qui savent — mais dont nous sommes vraiment trop envahis[1]. »

Ce témoignage d'un savant ingénieur peut être rapproché de celui du président du tribunal de commerce qui disait à la distribution des prix du lycée Louis-le-Grand : « Les études classiques sont le fond premier nécessaire aux carrières dites positives, qu'on ne qualifie pas de libérales, bien que ce soient parfois celles qui donnent aux hommes le plus de liberté et d'initiative. Je crois à la valeur de ces études comme éducatrices au point de vue intellectuel, comme inspiratrices

---

1. M. Maurice Lévy, président de l'Académie des Sciences pour 1900. *Discours prononcé à la séance publique du 17 décembre 1900.*

d'idées générales et désintéressées. Plus tard, la vie et les nécessités de la carrière développent dans un sens utilitaire l'enseignement reçu. »

Pour conclure je constaterai que nous avons reçu de nos maîtres une éducation morale qu'ils nous ont donnée tout naturellement : il ne semble donc pas qu'il y ait lieu de provoquer une organisation ou des programmes nouveaux et qu'on doit continuer ce qui a déjà été fait. Cela ne veut pas dire qu'on ne doive pas chercher à toujours mieux faire. Mais le progrès ne peut guère résulter que d'une série d'efforts personnels et libres : nous pouvons espérer que les réunions du genre de celles-ci, en nous amenant à avoir plus pleinement conscience de ce que nous faisons et de ce que nous pouvons faire, et à échanger nos idées et nos impressions, nous conduiront à faire mieux encore. Nous avons constaté l'accord de beaucoup de bonnes volontés et l'intérêt qu'il y a à les laisser agir le plus librement possible. C'est déjà un résultat, et, si modeste qu'il soit, il a son utilité.

Séance du 28 février 1901.

### DISCUSSION

M. FLOT. — J'avoue que je n'avais pas songé de prime abord à l'éducation morale qui sort du calcul : je remercie d'autant plus M. Bioche de m'avoir fait réfléchir à la valeur morale de la table de multiplication. J'ajouterai une simple remarque : quand on montre à l'enfant que la preuve par 9 ne le dégage pas encore de toute responsabilité, il éprouve un certain étonnement et un certain désappointement à voir tomber ce suprême rempart : et il y a là quelque chose de bon au point de vue moral, puisqu'on l'amène ainsi à bien comprendre qu'on ne doit pas se hâter trop d'être certain, et qu'il faut savoir se surveiller de près avant d'affirmer en toute sécurité.

M. BOUILLAC. — Les mathématiques, cela est certain, donnent à l'esprit de la force et de la solidité, elles apprennent à raisonner avec rigueur : mais elles ont des inconvénients aussi, car elles habituent à trop de certitude ; elles risquent de conduire la pensée à une foi trop ambitieuse en elle-même ; elles ont quelque chose de trop rigide peut-être, de trop immuable en leurs conclusions. Les sciences expérimentales ne progressent, au contraire, que parce qu'elles ne sont sûres de rien, parce qu'elles reprennent, revisent, corrigent les théories, les explications jusqu'alors admises. Elles sont donc particulièrement aptes à fortifier l'esprit critique, qu'il faut s'attacher à faire naître, à développer dans le jeune homme, pour que, dans la vie, il s'habitue à réfléchir, à ne pas apprécier les choses d'une manière tranchante et absolue.

M. Broche répond qu'il a pris soin de noter à quel point les mathématiques, en ne perdant pas de vue le concret, les applications précises, apprennent justement à se défier ; elles laissent place à la réserve, à la souplesse ; elles y accoutument. L'étude de la cosmographie permet tout particulièrement de mettre en relief ce fait, qu'on n'arrive à la vérité que par une série d'approximations successives.

M. Bouilhac. — Posons autrement la question : supposons qu'on veuille faire des réformes, qu'on remanie les programmes scientifiques, je demande de quel côté il conviendrait de les développer, du côté des sciences mathématiques ou du côté des sciences physiques et naturelles ? N'est-ce pas par le moyen de ces dernières qu'on peut espérer former l'esprit d'observation ?

M. Brochе. — Il n'est peut-être pas nécessaire d'entrer dans cette discussion des programmes scientifiques : car la valeur morale de l'enseignement ne dépend pas absolument des matières enseignées ; quand on fait bien son devoir, peu importe après tout l'objet même des études.

M. le Président Croiset. — On vient de soulever une question fort importante, celle du développement de l'esprit critique. Or, pour juger exactement de la mesure dans laquelle les sciences physiques et naturelles y peuvent contribuer, il conviendrait de distinguer entre ce qu'elles sont dans le laboratoire, où le savant fait la science, et ce qu'elles sont dans la classe du lycée, où le professeur expose la science faite. Ici, l'élève est placé en présence de faits qu'il n'a pas à discuter, qui s'imposent comme des axiomes ; la conséquence d'une expérience doit être admise, même quand l'expérience vient à « rater », ce qui est d'un mauvais exemple au point de vue moral. On risque peut-être ainsi plutôt d'engourdir l'esprit critique. Les mathématiques, par contre, apprennent la nécessité de démontrer avec exactitude, d'administrer la preuve rigoureusement. Il faut d'ailleurs, ainsi qu'on l'a déjà constaté, ramener la pensée de l'élève vers le concret.

M. BOUILLAC insiste, et reproche aux mathématiques d'être un obstacle au développement de l'esprit d'observation ; il cite l'exemple des élèves de l'École polytechnique, à qui il fait trop souvent défaut.

M. BROCHE. — On peut fort bien se servir des mathématiques pour développer l'esprit d'observation. Beaucoup de savants, qui se sont fait un grand nom dans les sciences expérimentales, ont commencé par s'adonner aux mathématiques. Réciproquement, beaucoup de découvertes mathématiques ont eu pour point de départ l'observation même. Les mathématiques peuvent avoir cet inconvénient de trop pousser à l'abstraction ; il faut simplement y veiller ; il y a là un écueil à craindre ; mais il est fort possible, facile même de l'éviter.

M. BELOT. — La culture de l'intelligence ne consiste pas uniquement dans le développement de l'esprit critique, qui, en dernière analyse, est l'esprit de défiance : elle consiste, comme presque toutes choses, en deux facteurs antithétiques. L'éducation morale proprement dite se propose deux fins en apparence opposées : d'une part créer la *défiance,* défiance de soi, défiance au sujet de la valeur des traditions, des suggestions, des impulsions qui nous sollicitent du dedans et nous pressent du dehors, — d'autre part créer la *confiance*, confiance de la volonté en sa propre valeur, en sa propre efficacité ; créer la foi morale, c'est-à-dire une force qui marche vers son but avec énergie et hardiesse. Il y a quelque chose de tout à fait analogue dans la culture de l'esprit. L'intelligence doit apprendre à se défier d'elle-même, elle doit acquérir le sentiment de la relativité ; mais aussi il faut lui inspirer une ferme confiance dans la raison, dans sa légitimité, dans ses progrès ; il faut l'éloigner du scepticisme, ne pas l'amener à douter d'elle-même : l'indifférence à l'égard de la vérité même constituerait le terme limite du développement de l'esprit critique. C'est là un état d'esprit qu'il faut redouter de créer : l'élève doit avoir confiance, non pas dans ce qu'on lui dit, parce qu'on le lui dit, mais dans la raison humaine. Ces deux tendances se font précisément équilibre dans la physique et dans la mathématique, qu'il convient donc d'associer, de tempérer et de compléter l'une par l'autre. En effet, moralement la mathématique inspire la confiance, montre la raison solide en soi, dans l'idéal, tandis que la physique inspire la défiance, fait voir la raison, dans la pratique, capable d'erreurs, et réduite, en fait de vérité, à de simples approximations.

M. Brochard. — Erreur et approximation ne sont pas synonymes.

M. Belot. — A coup sûr, et je viens précisément d'indiquer cette distinction ; l'on peut précisément donner à l'esprit une confiance active, très différente à la fois du scepticisme et du dogmatisme, en lui apprenant que, par ces approximations, sans cesse plus parfaites, on diminue progressivement l'erreur.

M. Brochard. — Dans l'enseignement des sciences physiques au lycée, on ne peut indiquer les choses que *grosso modo*; on doit souvent donner des lois qui ne sont qu'« approchées », car on doit négliger bien des détails dans l'enseignement secondaire. Il faut surtout montrer aux élèves la netteté et la précision croissantes de l'approximation.

M. Belot. — En résumé, on pourrait reprocher aux mathématiques d'inspirer à l'esprit un excès de confiance, en le maintenant dans l'abstrait, et aux sciences physiques prises isolément d'inspirer, dès qu'elles seraient approfondies, un excès de défiance. Il faut se garder de ce double danger; mais c'est précisément un service qu'il faut demander à la physique, d'enseigner cette réserve, cette prudence, de donner (les leçons de choses elles-mêmes y devraient tendre) le sentiment de ce qu'il y a de variable, d'imparfait dans nos formules.

M. Lecomte proteste d'abord contre l'expression « *grosso modo* », qui a été employée; le professeur de physique et d'histoire naturelle n'enseigne pas les choses par à peu près : il expose ce que l'on a vu, constaté, obtenu avec les moyens d'investigation dont on dispose actuellement. Il ne doit pas non plus s'attacher à inspirer le doute de cela même qu'il expose; il ne doit pas dire à ses élèves : Voici pour aujourd'hui : demain, ce sera peut-être, ce sera sans doute autre chose. Les faits connus, bien observés, sont des faits vrais pour plus tard comme pour maintenant : il faut les donner comme vrais. Ce qui se transforme, ce qui évolue, ce sont les théories : mais elles changent, non pas en détruisant la vérité de la veille pour y substituer celle d'aujourd'hui, mais en la complétant, en y ajoutant. Ce qui est possible et ce qui est excellent, c'est de se servir de l'histoire de la science pour montrer ce qu'est le progrès scientifique. On apprendra ainsi que la raison a toujours à travailler, à faire effort, à créer, parce qu'il y a toujours de l'inconnu à découvrir ; mais on verra aussi qu'il n'y a pas là une série d'inexactitudes qui se remplacent, qu'il n'y avait pas même à proprement parler des erreurs, mais seulement des vérités incomplètes. Il ne faut pas orienter les sciences physiques et naturelles dans le sens qui vient d'être indiqué ; il ne faut pas inspirer la défiance des faits observés.

M. Belot estime, en effet, que c'est d'une façon très prudente que les sciences expérimentales doivent inspirer l'esprit de critique ; mais il pense que, le service que M. Lecomte demande à l'histoire des sciences, il est possible et bien plus simple de le demander à l'enseignement de la science même.

M. Croiset verrait, quant à lui, sans crainte, développer chez les élèves le véritable esprit critique. Il pense que l'étude la plus critique des sciences d'observation ne saurait détruire la confiance en la science, — à cause du fait même, palpable, évident, du progrès, — à cause aussi de ce fait manifeste que, par la science, s'accroît sans cesse l'action de l'homme sur la nature. Cela est singulièrement propre à provoquer tout à la fois l'enthousiasme et la prudence. Rien ne serait préférable à cet égard, rien ne montrerait d'une façon plus saisissante tout à la fois la puissance de l'esprit humain, le courage, la patiente énergie du savant et la nécessité de se défier de soi, d'être exigeant en fait de pensée, que l'histoire d'une grande découverte, quelque chose comme cette histoire des travaux de Pasteur que nous a donnée un des hommes qui ont suivi de plus près l'œuvre du maître.

M. Belot est si loin de croire que les sciences physiques et naturelles, telles qu'elles sont enseignées actuellement, inspirent l'esprit critique, qu'il souhaite précisément qu'on les oriente dans ce sens.

M. BOUILHAC. — Voici un fait qui, mieux que tous les raisonnements, prouve à quel point les sciences physiques se meuvent dans le relatif, et n'arrivent qu'à des résultats provisoires : pendant un siècle, des centaines de chimistes ont fait des milliers d'analyses de l'air ; et nous savons aujourd'hui, grâce à Ramsay entre autres, que toutes ces analyses étaient fausses.

M. LECOMTE. — Une fois encore, il ne faut pas confondre incomplet et inexact, il ne faut pas confondre les données d'observation avec les théories. L'enseignement des sciences physiques et naturelles doit à la fois s'inspirer du respect de l'observation, inspirer ce respect, et montrer que la théorie laisse quelque part à la critique. S'il s'agit de montrer aux élèves que les lois peuvent être précisées, soit : il n'y aura pas de contestation possible ; mais il ne faut pas aller plus loin, il ne faut pas toucher aux faits, il ne faut pas ébranler la confiance en leur solidité.

M. BOUDHORS désire poser une simple question : on semble craindre, de divers côtés, que, par certaines parties au moins de l'enseignement scientifique, on ne donne aux élèves l'impression que l'on possède la vérité totale, la vérité immuable : et de fait il y aurait là un danger grave, qu'il est inutile de signaler à nouveau. Mais si cela est, s'il est vrai d'autre part que l'histoire des découvertes et du progrès de la science peut utilement faire contrepoids à cette tendance fâcheuse, quelle place tient actuellement, — quelle place pourrait et devrait tenir, dans l'enseignement scientifique, cette partie historique ?

M. Bioche estime que cette question de l'histoire des sciences est des plus délicates : les programmes nous imposent l'obligation étroite d'exposer à nos élèves l'état actuel de la science, et un certain nombre de connaissances acquises ; de telle sorte que le professeur, ne serait-ce qu'à cause du temps même dont il dispose, ne peut parler que très sommairement de l'histoire proprement dite.

# VIII

Séance du 7 mars 1091.

## L'ÉDUCATION MORALE PAR LES CLASSES

### CLASSES D'HISTOIRE

Exposé fait par
### M. Ph. GIDEL
**Professeur d'histoire au lycée Saint-Louis.**

Quand on parle de la vertu éducatrice de l'histoire, c'est tout au moins une chance favorable que l'on ne risque pas de provoquer la surprise ou de susciter de trop vives contradictions. Il s'agit aujourd'hui de nous demander comment l'enseignement de l'histoire, tel qu'il est donné dans nos lycées et collèges, peut contribuer à la formation morale des enfants. La matière est vaste, le temps qui m'est accordé, limité ; je me contenterai donc de poser quelques points et d'indiquer quelques solutions, que je soumets à vos observations et à votre discussion.

Au xviiiᵉ siècle, dans les collèges, on ne doute point que l'enseignement historique ne soit avant tout un moyen d'éducation morale. C'est l'opinion de Rollin. A ses yeux, le véritable objet des études est de « conduire à la vertu ». « Les bons maîtres, dit-il, comptent pour rien la plus vaste érudition, si elle est sans profit. » Personne n'eût pris plus de plaisir que lui à nos réunions, à nos discussions. Lui, qui déjà de son vivant s'élevait contre les « leçons de morale » réglées eût été ici un ardent défenseur de l'enseignement « diffus ». « Au seul nom de leçons, il, les élèves se mettent sur leurs gardes, tandis qu'ils écoutent volontiers les leçons que leur font un Camille, un Scipion, un Cyrus. » Dans cet esprit il rédige ses lectures anciennes ; « en instruisant les jeunes gens de ce que l'antiquité a de plus beau », il songe « moins à les rendre habiles qu'à les rendre vertueux, bons fils, bons pères, bons maîtres, bons citoyens ». Car c'est la vertu « qui seule met les hommes en état de bien remplir les emplois publics ». On conçoit aisément que Rollin, qui pendant plusieurs années entretient ses élèves des Hébreux, des Égyptiens, des Assyriens, des Mèdes, des Grecs et des Romains, ne se soucie pas de les entretenir aussi des Français leurs ancêtres ; non pas qu'il ait pour l'histoire de France du mépris ou de l'indifférence ; il estime au contraire que la connaissance en est utile ; « car, qui ignore l'histoire de son pays est comme un étranger dans son propre pays » ; il exhorte même les jeunes gens, au sortir du collège, à s'instruire de l'histoire nationale ; mais, outre que cette étude a déjà trait à la politique, elle n'offre pas au professeur moraliste cette belle collection d'actes de courage, de dévouement, de patriotisme, que le talent des écrivains anciens a consacrés et rendus classiques.

Les divers auteurs révolutionnaires de plans d'éducation ne se font pas de l'enseignement historique une autre idée que Rollin. S'ils ajoutent à l'histoire des peuples libres, grec et romain, les « traits et anecdoctes de la Révolution », si la Convention vote qu'il sera composé un « Recueil des traits de vertu civique », s'il s'agit de faire des patriotes et des républicains, ce n'en est pas moins la pensée de Rollin, adaptée à l'esprit révolutionnaire. L'histoire n'est qu'un instrument de culture morale et civique.

Devant le progrès des études historiques au XIXᵉ siècle, alors que celles-ci se renouvellent et se développent en revêtant un caractère de plus en plus scientifique, une semblable conception doit disparaître, et l'enseignement historique devient ce que Voltaire voulait déjà que fût l'histoire : « Le récit des faits donnés pour vrais. »

Mais voici que de notre temps une nouvelle opinion se fait jour. Nous la trouvons développée dans l'appendice, consacré à l'enseignement secondaire, qui fait suite au savant ouvrage de MM. Langlois et Seignobos : « Introduction aux études historiques », et la légitime autorité qui s'attache aux noms de ces deux maîtres nous fait un devoir de nous y arrêter un instant. MM. Langlois et Seignobos constatent que « l'on ne demande plus guère à l'histoire des leçons de morale ni de beaux exemples de conduite », que l'on renonce aussi à employer l'histoire pour exalter le patriotisme ou le loyalisme comme en Allemagne... ; que l'on comprend que la valeur de toute science consiste en ce qu'elle est vraie et que l'on ne demande plus à l'histoire que la vérité ». De tout cela ils se félicitent. Quel doit donc être le rôle de l'histoire dans l'enseignement secondaire? L'histoire, nous disent-ils, est surtout un instrument de culture sociale. C'est aux faits sociaux qu'il faut donner la première place. Exercés de bonne heure à considérer la constitution des sociétés, les usages, les institutions, nos élèves s'habitueront à l'idée de la transformation perpétuelle des choses humaines, ils seront garantis de la frayeur irraisonnée des changements sociaux. Le jeune homme sera ainsi plus apte à participer à la vie publique; et c'est un enseignement indispensable dans une société démocratique.

Si éloignée que cette doctrine soit de celle de Rollin, elle lui ressemble cependant en ceci : que, pas plus maintenant que tout à l'heure, l'histoire n'est étudiée pour elle-même. Or, si, comme on vient de nous le dire très justement, l'on ne demande plus à l'histoire que la vérité, convient-il de sacrifier de parti pris aux phénomènes sociaux, quelque importants qu'ils soient, les faits d'ordre politique ou diplomatique ou militaire, qui constituent bien aussi l'histoire? Est-il permis par exemple de négliger cet élément essentiel de l'histoire : la guerre? Que Louis XIV ait vaincu à Denain, Napoléon Ier à Austerlitz, Napoléon III à Solférino, cela n'est pas indifférent et vaut la peine qu'on y insiste. Je conçois toute la noblesse des préoccupations sociales et morales dont s'inspire l'opinion qui nous occupe, mais, s'il y a des guerres atroces, n'y en a-t-il pas en revanche de justes, de saintes, quand un peuple revendique son indépendance ou combat pour la défense de ses foyers? Et même dans les guerres dont la justification n'est pas aussi éclatante, les choses se présentent-elles avec un tel caractère de netteté, que l'on puisse mettre tous les torts d'un côté et le bon droit de l'autre, et n'est-il pas bon de montrer aux élèves « qu'il ne faut pas croire, selon la remarque de Prévost-Paradol, que de deux nations qui se combattent, l'une est toujours si complètement dans son tort qu'il n'y ait plus ni mérite, ni gloire à périr sous son drapeau? »

En définitive, Messieurs, je ne crois pas que l'enseignement de l'histoire puisse se subordonner à des considérations de morale privée ou de morale sociale. L'histoire a sa fin en elle-même. Ce que le professeur doit à ses élèves, c'est le spectacle de l'humanité agissant. Il n'a pas le droit de négliger aucune des manifestations de l'activité humaine. Il s'agit avant tout de faire voir et de faire connaître les hommes, vivant en société. Ce qui ne veut pas dire qu'il soit permis au professeur de se désintéresser de l'éducation morale de ses élèves ; bien au contraire ; et je voudrais maintenant montrer qu'un cours d'histoire conçu dans cet esprit, c'est-à-dire en somme dans l'esprit de la tradition universitaire, peut à la fois apprendre à bien penser, ce qui est le principe de la morale, et concourir avec les autres enseignements à former des hommes de bien et de bons citoyens.

Nous nous demanderons tout d'abord si dans l'enseignement secondaire l'histoire peut développer l'esprit critique. Cela serait souhaitable puisque l'esprit critique est fait de sincérité, de respect de la vérité, de probité; mais, il faut le dire avec franchise, cela est impossible. Rendons-nous un compte exact des conditions de notre enseignement secondaire; ne confondons pas une classe de lycée avec une conférence de l'École des hautes études ou un cours de Faculté. Ce fut là le tort, je crois, de M. Julien Havet[1], quand il écrivit en 1896, dans la *Bibliothèque de l'École des Chartes* : « L'enseignement de l'histoire n'est pas organisé pour donner une pâture suffisante à l'esprit scientifique. De toutes les études comprises dans le programme des Lycées, l'histoire est la seule qui n'appelle pas le contrôle permanent de l'élève. Quand il apprend le latin et l'allemand, chaque phrase d'une version est l'occasion de vérifier une douzaine de règles. Dans les diverses branches des mathématiques, les résultats ne sont jamais séparés de leurs démonstrations; les problèmes d'ailleurs obligent l'élève à tout repenser par lui-même. Où sont les problèmes en histoire, et quel lycéen est jamais exercé à voir clair par son propre effort dans l'enchaînement des faits? » Sans doute, le professeur ne propose pas de problème historique à ses élèves. Quels seraient-ils donc, ces problèmes que les élèves pourraient résoudre? Ne demandons pas à l'enseignement secondaire ce qu'il ne saurait donner.

Mais, inefficace pour former l'esprit critique, l'enseignement historique vaut, les faits historiques étant tenus

1. Cité par MM. Langlois et Seignobos.

pour vrais, pour développer les facultés, très précieuses aussi, de jugement, de raisonnement. Il n'est pas exact de dire que l'élève ne soit jamais exercé à voir clair par son propre effort dans l'enchaînement des faits. J'ai été sans doute plus favorisé que ne l'avait été M. Julien Havet, mais tous mes maîtres m'ont invité à raisonner, à réfléchir sur les faits, à marquer les causes et les conséquences : et nous, leurs successeurs, nous faisons de même.

Si j'avais quelque chose à reprendre à notre enseignement secondaire, ce serait plutôt de sacrifier plus qu'il ne convient au goût des considérations générales et de négliger un peu trop l'étude des faits. On dit de tous côtés, on répète à satiété : « N'accablez pas l'esprit de l'enfant sous une accumulation de faits et de dates : ces faits et ces dates n'ont de valeur que par les idées qui s'y attachent. » Aujourd'hui même il n'est question que de simplifier, que d'alléger les programmes d'histoire, et la faveur va à l'histoire de la civilisation. Je voudrais faire deux remarques. D'abord, que l'histoire de la civilisation, qui est inscrite déjà aujourd'hui au programme de la Première-Lettres, donne dans cette classe de bons résultats parce qu'elle s'adresse à des élèves qui ont appris antérieurement le détail des faits, mais que, donnée de prime abord à la place de l'histoire traditionnellement enseignée, elle ne peut avoir que des résultats fâcheux en développant la manie des généralisations hâtives, déjà assez répandue chez nous. En second lieu, ces faits dont on dit tant de mal, il est fort pénible de les apprendre, et cette peine imposée à l'élève ne me déplaît pas. Il serait très fâcheux de déshabituer l'élève de l'effort. Voyez ceux qui, dans nos classes, réussissent en histoire, ce ne sont pas toujours les plus brillants ou les mieux doués, mais ce sont sûrement les plus persévérants, les plus énergiques. Le prix d'histoire va à la ténacité, à la volonté. Habituez les élèves à réciter les considérations où le maître s'est complu, plutôt qu'à acquérir la connaissance des faits, et vous supprimez un des bénéfices moraux de l'étude de l'histoire.

L'histoire, avons-nous dit, n'a pas pour objet essentiel de former l'honnête homme ; mais elle y contribue. Comment ? En inspirant, à l'aide des exemples semés sur son chemin, le goût de la vertu et l'horreur du mal. Toutes les instructions ministérielles que j'ai consultées sont d'accord là-dessus. Celle de 1854 s'exprime ainsi : « Les lettres, l'histoire, la philosophie donneront continuellement sujet de montrer aux élèves le mal et le vice méprisables et haïssables, toutes les vertus dignes d'estime et d'amour. » Celle de 1859 : « Un des principaux avantages de l'enseignement de l'histoire doit être de former l'esprit de la jeunesse à l'amour du bien, en lui inspirant l'admiration pour les hommes qui ont honoré leur pays et l'humanité. » Les instructions de 1890 nous disent : « Le professeur d'histoire a le droit d'être un moraliste ; il en a le devoir. » Qu'entend-on par là ?

Consultons les programmes. Celui de la classe préparatoire est ainsi libellé : « Biographies d'hommes illustres des temps anciens et modernes. » C'est la pensée de Rollin : faire servir ce que l'histoire a de plus beau à l'éducation morale des enfants. En huitième, en septième, on enseigne l'histoire de France : déjà les faits sont exposés dans leur suite ; c'est un cours d'histoire qui est fait aux enfants ; mais la rédaction même du programme marque bien quelle place y doit tenir la morale. Nous lisons les indications suivantes : Sainte Blandine à Lyon, — Charlemagne visitant les écoles, — Robert et les pauvres, — Saint Louis rendant la justice, — Bayard au pont de Garigliano, — Courage civil de Mathieu Molé, — Charité de Saint Vincent de Paul, — Le comte de Plélo à Danzig, etc...

A mesure que nous nous élevons dans la série des classes, les préoccupations morales cèdent la place à des préoccupations plus proprement historiques : mais elles ne disparaissent pas de l'enseignement. Le professeur reste un moraliste. Quand il rencontre un homme de bien, il doit s'arrêter devant lui, le montrer avec respect à ses élèves, le proposer à leur admiration, à leur affection. Il ne s'agit pas de prédication morale. Un ton de sermonnaire est déplacé dans la classe. Il ennuierait sans profit. C'est affaire au professeur de peindre, de manière à la rendre vivante, la noble figure d'un saint Louis, d'un Bayard, d'un saint Vincent de Paul, d'un Vauban, d'un Hoche, d'un Pasteur. Il en usera avec les grands hommes comme le professeur de lettres avec les héros de Corneille.

Il fera aimer les hommes de bien et mépriser les malhonnêtes gens. Il inspirera l'horreur de la lâcheté, du mensonge, de la bassesse, de l'hypocrisie. Un nom vient sur toutes les lèvres ; il est actuel : Fouché. Il montrera un Fouché, féroce sous la Convention parce qu'il a peur, empressé à l'adulation sous Napoléon, serviteur de tous les régimes et traître à tous, républicain en 1793, déclarant que tout ce qu'il faut à un républicain c'est du fer, du pain et quarante écus de rente et mourant, royaliste méprisé, vingt fois millionnaire. S'il ne faisait détester cet homme abominable, il n'aurait pas accompli son devoir.

Nous jugerons donc les hommes ; nous dirons qu'il faut les juger : nous apprendrons à nos élèves à les juger sans complaisance comme sans parti pris, et nous développerons ainsi en eux le sens de l'équité. C'est être équitable que de ne pas apprécier les hommes d'autrefois à la mesure de nos idées ou de nos sentiments modernes : c'est être équitable que de nous garder des jugements absolus, et de savoir, quand il y a lieu, tempérer par des réserves la sévérité d'une appréciation.

Une disposition ordinaire à nos élèves est de croire qu'un homme est toujours nécessairement, ou tout à fait bon, ou tout à fait mauvais. Il est utile de leur montrer que même chez les hommes qui ont commis de graves fautes, il peut y avoir des parties à louer. Voici Talleyrand. Vous dites aux élèves : « A Erfürth, Talleyrand a trahi. Il a révélé à l'avance au tsar Alexandre les desseins de l'empereur, si bien que celui-ci trouva devant lui un adversaire averti, prêt à la parade et à la riposte. Par le fait de cette trahison, Napoléon ne retira pas de l'entrevue les bénéfices qu'il en attendait. Mais à Vienne, en 1814, Talleyrand a servi la France en bon Français; en moins de trois mois, il a su faire de notre pays terrassé par l'invasion l'arbitre de l'Europe. » Ce langage les étonnera; cette diversité de jugements les choquera d'abord, mais les fera réfléchir. Peut-être arriverons-nous ainsi à leur donner le goût de l'équité, c'est-à-dire en somme à créer en eux l'esprit historique, qui est surtout finesse d'esprit. Peut-être prendront-ils et conserveront-ils l'heureuse habitude d'apporter dans leurs jugements un sentiment des nuances, que l'on ne voit pas aujourd'hui communément répandu parmi nous.

Ceci nous amène à parler de l'éducation civique. L'histoire forme le citoyen. C'est dans les classes élevées, rhétorique et philosophie, quand, racontant les temps rapprochés du nôtre, elle s'adresse à des jeunes gens qui sont à la veille d'entrer dans la vie active, qu'elle s'acquittera le mieux de cet office. Son rôle se définit brièvement : Faire des hommes qui soient de leur temps et de leur pays.

Il n'est pas question d'introduire la politique dans les classes : une circulaire ministérielle récente nous le défend, et elle répond trop bien à nos sentiments intimes pour que nous ne lui obéissions pas avec empressement; mais notre société moderne repose sur quelques grands principes universellement acceptés de tous : liberté de conscience, liberté politique, égalité des droits civils et politiques, fraternité, qu'il est de notre devoir de faire connaître et de faire aimer.

Je le répète, pas plus ici que tout à l'heure nous ne prêcherons, nous ne dogmatiserons, et nous serons toujours les respectueux interprètes de la vérité. Ce sont les faits eux-mêmes qui parleront et instruiront.

Mieux qu'une leçon théorique ou qu'un développement oratoire la peinture des actes terribles d'intolérance, que l'histoire présente en si grand nombre, inspirera le respect de la liberté de conscience. Croit-on que le simple récit d'une nuit de la Saint-Barthélemy ou de cette longue persécution de vingt ans qui aboutit à la révocation de l'Édit de Nantes, ou de la détention d'un Pie VII par Napoléon Iᵉʳ, ou de l'oppressive domination d'un Calvin à Genève, ne pénètrera pas nos élèves d'une horreur profonde et durable des persécutions religieuses, d'où qu'elles viennent, et ne les animera pas d'un amour raisonné et ardent pour la liberté de conscience ?

Au début du cours de philosophie, le professeur rencontre la déclaration des droits de l'homme et du citoyen. Il commencera par en donner lecture à ses élèves, par leur dire que les droits de l'homme sont : la liberté, la propriété, la sûreté et la résistance à l'oppression. Il ne lui appartient pas d'expliquer la valeur métaphysique des principes de 1789, mais d'en marquer la signification historique, en plaçant en face de chacun des articles de la déclaration un des abus de l'ancien régime : lettre de cachet, violation de la liberté individuelle, etc... Puis, poursuivant l'histoire du XIXᵉ siècle, il se demandera si, sous chacun des régimes qui se sont succédé, les droits de l'homme ont été toujours respectés et s'ils n'ont pas trop souvent fléchi devant les injonctions brutales de la raison d'État. J'estime qu'aucune dissertation philosophique ne fera comprendre aux jeunes gens le sens et la valeur de la déclaration aussi bien que cette étude et ce commentaire purement historiques.

Il ne serait pas bon qu'un citoyen n'eût pas confiance dans l'humanité ; cette confiance, l'histoire la fera naître en constatant que nous valons moralement mieux et que nous sommes plus heureux que nos pères. Le progrès, matériel et moral, est un fait. L'histoire nous montre aussi que ce progrès ne s'est pas produit nécessairement, d'une manière mécanique et comme automatique, mais qu'il résulte des efforts des générations qui nous ont précédés. Et voici pour nos élèves une leçon d'énergie : ils se rendront compte que nous sommes, dans une mesure très large, maîtres et par conséquent responsables de nos destinées et de celles de la patrie.

Quant au sentiment de fraternité, de solidarité, comment le développer ? En montrant derrière les hommes qui brillent au premier rang la foule anonyme qui travaille et qui peine. L'histoire la connaît peu, et pourtant c'est de la masse de ses efforts obscurs et patients que pour une grande part le progrès est fait. Aussi, quand nous trouvons sur notre route un grand Ferré, un milicien de Malplaquet, un volontaire de 1792, un Marie Louise de 1814, amenons-le à la pleine lumière, montrons-le, faisons-le aimer. Que nos élèves soient convaincus que les biens précieux dont nous jouissons aujourd'hui : une patrie grande et glorieuse, une civilisation brillante et douce, c'est à cet humble peuple de France que nous les devons ; qu'ils considèrent par conséquent comme un devoir de reconnaissance, comme une obligation morale et patriotique de travailler autant qu'ils le pourront à améliorer sa condition sociale.

Enfin, l'histoire fortifie le sentiment patriotique.

Dès leurs plus jeunes années, vivant dans la société des Grecs et des Romains, nos élèves sont à l'école du patriotisme. De bonne heure ils s'habituent à considérer le patriotisme comme la vertu essentielle du citoyen. Tout, dans la suite, les confirmera dans cette opinion. Ils entendront célébrer la résistance des Espagnols aux armées napoléoniennes, ou le soulèvement des paysans tyroliens. Aucun maître ne manque de traiter avec un soin particulier l'histoire du relèvement de la Prusse après 1806. En effet, que d'enseignements à en tirer ! Voici par exemple un Fichte qui, se croyant dégagé de tout préjugé patriotique, dit en 1804 :

« La patrie d'un Européen civilisé, c'est d'une façon
« générale l'Europe ; en particulier c'est l'État qui se
« trouve à la tête de la civilisation. Avec ce sens cos-
« mopolite, nous pouvons assister tranquilles aux
« vicissitudes et aux catastrophes de l'histoire ». Et ce même Fichte en 1806 demande à servir dans l'armée prussienne comme « aumônier militaire laïque ». En 1807 il écrit le « Patriotisme et son contraire », et peu de temps après, dans la ville même de Berlin, occupée par les troupes françaises, il lance son fameux appel : « les Discours à la nation allemande ». Rien ne démontre mieux ce qu'il y a de naturel, de légitime, d'impérieux dans le sentiment patriotique.

Quand il s'agit d'enseigner notre histoire nationale, quel sera le devoir du maître? On nous dit : Il ne convient pas d'exalter le patriotisme. D'accord ; si, par « exalter le patriotisme » on entend : présenter aux enfants une image de l'histoire arrangée et défigurée. Un artifice aussi grossier, outre qu'il serait immoralité, serait peu habile. La vérité historique, à un moment ou l'autre, prendrait sa revanche, et la foi patriotique risquerait d'être gravement atteinte le jour où la supercherie serait dévoilée. Mais puisque le patriotisme repose sur le sentiment de la solidarité qui lie la génération présente aux générations passées, la culture du patriotisme se concilie aisément avec le respect de la vérité historique. Nous ne cacherons rien des fautes ou des erreurs commises par les ancêtres. Aussi bien, notre histoire est assez belle pour n'avoir pas besoin d'être ornée. Mais je ne me crois pas tenu, quand je retrace l'histoire de mon pays, à la même impassibilité que si je parlais des Assyriens ou des Mèdes. Bien au contraire, si je ne parvenais à faire sentir aux élèves que l'histoire de France, c'est comme on l'a dit, *nous* dans le passé, que, nous sommes solidaires de nos ancêtres, que leurs misères et leurs joies sont les nôtres, je me considérerais comme inégal à ma tâche. Dans le dictionnaire de pédagogie, M. Lavisse dit : « N'enseignons point l'histoire avec le calme qui convient à l'enseignement de la règle des participes. Il s'agit ici de la chair de notre chair et du sang de notre sang. »

Ce sont de belles paroles, et je n'en ai pas de plus fortes à ma disposition.

Voilà, Messieurs, une brève esquisse des services que l'histoire peut rendre. Nous conclurons que, sans se subordonner à des préoccupations morales ou sociales, en restant avant toutes choses, « le récit des faits donnés pour vrais », l'enseignement historique peut contribuer pour sa part à former des hommes de jugement droit, honnêtes, bons citoyens, bons Français, et comme il leur aura donné le sens de la réalité, comme il les aura instruits des conditions de l'action, il fera des élèves de nos lycées des hommes qui voudront et qui sauront agir.

---

## DISCUSSION

M. LE PRÉSIDENT félicite M. Gidel de son exposé si

riche et si précis ; M. Gidel a su tenir compte, avec tant de tact, à la fois des exigences de la science historique, qui veut être indépendante et exacte, et de la portée morale de l'enseignement historique, qu'il y aura peut-être peu de chose à ajouter à ce qu'il a dit.

M. WEILL est d'accord avec M. Gidel ; il veut seulement ajouter une remarque, qui a son importance. C'est que, parmi les qualités morales que peut développer l'enseignement historique, il faut placer au premier rang le goût et l'estime du travail. Nous devons faire aimer les carrières pratiques, l'agriculture, le commerce, en particulier, pour lesquels trop souvent nos élèves ont un certain dédain. L'histoire, en nous donnant des exemples frappants, comme celui des Florentins ou des Hollandais, qui ont su défendre leur indépendance en honorant le travail sous toutes ses formes, et que cet amour du travail utile n'a pas empêché d'être des peuples artistes, nous fournit le moyen de combattre cette fâcheuse tendance et de relever ainsi la vertu du travail.

M. LE PRÉSIDENT. — Il y a là, en effet, une des nombreuses occasions que nous fournit l'histoire de poursuivre l'éducation morale dans le détail ; et M. Gidel, qui n'a pu préciser tous les points, pourra facilement admettre la remarque de M. Weill.

M. HAUSER. — M. Gidel a très justement montré que la conception de l'enseignement de l'histoire avait changé depuis le xvii⁰ et le xviii⁰ siècle. Alors, l'histoire n'était que la morale en action. Actuellement, on demande à l'histoire la connaissance exacte des faits et de leur enchaînement. Mais tout le monde est-il d'accord sur cette conception de l'enseignement historique ? Il ne le semble pas ; et, par exemple, M. Fouillée, dans un récent article de la *Revue politique et parlementaire*, sur la philosophie dans l'enseignement secondaire, examinant le rôle des différents enseignements, accuse l'enseignement de l'histoire d'être immoral, parce qu'il fait connaître certains faits que, d'après lui, il vaudrait mieux laisser ignorer : parce que, par exemple, le professeur d'histoire, en parlant de Louis XIV ou de Louis XV, nommera leurs maîtresses. Il y a là un reproche qu'on ne peut accepter. La première des leçons de morale qui doit se dégager de l'histoire, c'est le respect de la vérité. Nous ne pouvons donner à nos élèves une vérité frelatée, en supprimant la moitié de l'histoire. Si nous ne parlons pas de l'immoralité de l'ancien régime, nous supprimons une des causes essentielles de la Révolution : et nous empêchons nos élèves de la comprendre. Il n'y a pas là une leçon d'immoralité, bien au contraire : montrer les vices des rois, préparant la chute de la royauté, c'est bien une leçon de morale.

M. Gidel a défendu sur ce point les mêmes idées. Mais sur un autre point je ne serai pas d'accord avec lui. M. Gidel a critiqué l'histoire de la civilisation en général, et il a demandé qu'on maintînt l'enseignement historique dans le détail des faits. Or, il me semble que plus on réduira le nombre des faits et des dates, plus on aura fait pour l'enseignement historique. L'effort pour retenir les faits est assurément méritoire, mais il est en partie stérile : et il ne faut pas oublier que les faits qu'on a appris avec beaucoup de peine, on ne les en oublie pas moins très vite ; on le voit bien au baccalauréat ; et alors quel bénéfice en retire-t-on ? Dans les classes, par exemple, au concours général, on demande au bon élève une érudition qui n'a pas de valeur réelle et n'est pas une preuve d'aptitudes historiques. Il faudrait, au contraire, comme l'a dit M. Lavisse, ne donner que les faits « qui font chaîne » : alors, on les retiendra.

Pour attaquer l'histoire de la civilisation, M. Gidel s'est fait la partie belle : il a dit qu'elle empêchait d'apprendre à l'enfant ce que c'est qu'une guerre ; mais une histoire de la civilisation ainsi comprise n'en est plus une, puisque la guerre est un des faits importants de l'histoire, et qu'elle ne peut donc pas la supprimer.

M. Gidel a dit aussi que l'histoire au lycée ne pouvait pas développer l'esprit critique. Évidemment, il faut ici de la réserve et des précautions : la tentative qui consistait à mettre les élèves en face des textes, et à les laisser se débrouiller, a échoué. Mais ne peut-on éveiller, cependant, peu à peu, l'esprit critique ? Montrer, par exemple, à propos de Charlemagne et de la chanson de Roland, comment se crée une légende : ou, en lisant une page de Saint-Simon, montrer pourquoi nous pouvons connaître mieux que lui les faits dont il parle, — c'est bien exercer déjà le sens critique de l'élève.

Quant à la valeur morale de l'enseignement historique, tout le monde ici semble d'accord, et l'on pourrait dire que la première leçon de l'histoire est une leçon de vérité : la seconde une leçon d'énergie : mais l'histoire apprend à connaître, à côté de l'action des individus, le rôle de l'action collective : elle nous montre la solidarité des générations à travers les âges, elle nous donne le sentiment de la patrie en ce qu'il a de rationnel et de durable ; et enfin elle nous révèle la solidarité de plus en plus étroite des nations entre elles, et nous donne le sentiment de l'humanité. Quand le professeur d'histoire a fait cela, il a fait œuvre de moraliste.

M. GIDEL remercie M. Hauser de ses intéressantes observations, qu'il accepte en partie.

Il est certain que l'enseignement historique ne doit pas être trop chargé de faits : mais il faut distinguer entre le nombre des faits et la façon d'étudier un fait.

Quand on a choisi un fait, il faut l'étudier en détail. Si l'on se contente de citer des faits sans les étudier, et si l'on ne donne que des considérations générales, on n'intéresse pas les élèves.

Les élèves, dit-on, oublient les faits ; mais ils oublient surtout les considérations qui accompagnent les faits, même si elles leur ont paru d'abord séduisantes.

Ce n'est pas avec des manuels qu'on apprend l'histoire pour la retenir, c'est en faisant des lectures plus étendues dans des ouvrages plus complets, et qui donnent sur les faits les détails nécessaires pour les rendre intéressants et pour les graver dans l'esprit.

Quant aux critiques que M. Hauser adresse à ce que j'ai dit de l'histoire de la civilisation, nous sommes d'accord ; mais je visais, non l'histoire de la civilisation telle qu'il la conçoit, mais l'histoire de la civilisation telle que la présente le programme même de la Première moderne, qui ne contient pas un nom de guerre, à part la guerre de Trente ans. Il faut dire d'ailleurs que ce cours vient à la suite d'un cours d'histoire complet, où l'on a dû parler des guerres.

Enfin, pour ce qui est de l'esprit critique, il s'agit de s'entendre : on peut évidemment amener l'élève des classes supérieures à réfléchir dans quelques cas sur l'histoire, afin d'en saisir l'intérêt ; mais il y a loin de là à un développement de l'esprit critique ; et il s'agit plutôt de former le jugement et le raisonnement, qui sont les premières bases de l'esprit critique.

Si j'ai insisté sur l'utilité des faits, c'est que c'est une théorie qui est soutenue aujourd'hui, que celle qui veut qu'on supprime les faits… Si nous voulons montrer la beauté du travail, faisons d'abord travailler, et ne nous contentons pas d'exposer des considérations générales.

M. Hauser. — Il peut y avoir autant de précision

dans la peinture d'une époque que dans le récit d'un fait.

M. GIDEL se demande si l'ignorance des élèves en histoire au baccalauréat, dont se plaint M. Hauser, ne vient pas de ce que, trop souvent aujourd'hui, on suit cette méthode facile et vague, et de ce qu'on n'enseigne pas les faits.

M. LE PRÉSIDENT. — La distance qui sépare M. Hauser et M. Gidel n'est peut-être pas bien grande : et si on leur demandait d'établir une liste des faits essentiels qu'il faut choisir et noter avec précision, on trouverait sans doute que, dans la pratique, ils sont bien près de s'accorder. Il est bien certain qu'il y a des dates qu'il faut savoir, et sans lesquelles on ne connaît plus, on ne comprend plus l'histoire.

M. GIDEL. — On pourrait défendre la conception de l'histoire que M. Hauser critiquait, dans le choix des sujets du concours général, par exemple ; et la liste des prix d'histoire contient la plupart des professeurs d'histoire de Paris, des membres de l'Institut, des hommes qui ont marqué dans la science historique.

M. ROCAFORT veut seulement indiquer une lacune dans ce qu'a dit M. Gidel. Il aurait pu montrer ce qu'on peut tirer de l'histoire d'un pays pour attacher l'élève à ce pays en lui donnant la conscience pleine, raisonnée, qu'il en est et qu'il ne peut pas ne pas en être. Le Français n'est aucun de ses voisins, ni du nord, ni du midi. Il a des qualités et des défauts *sui generis* : les uns innés, de race, de tempérament : d'autres sont dus au pli d'institutions séculaires, telles que la religion nationale. Il serait bon que l'enseignement historique insistât là-dessus, en vue de la formation civique du jeune Français.

Voilà pourquoi on peut regretter, sachant que les élèves n'attachent guère d'importance qu'à ce qui est sur les programmes d'examens, qu'on n'interroge plus au baccalauréat sur l'histoire de France qu'à partir de 1610. On dit : il y en aurait trop ; mais, autrefois, nous étions interrogés sur tout ce passé, dont le présent est fait. Et s'il y en a trop, il y a bien des questions qu'on pourrait sacrifier, moins importantes pour nos élèves que les grands faits de l'histoire nationale. Avec le système actuel, le candidat à Saint-Cyr peut ignorer les ordonnances d'où est sortie la formation des armées permanentes ! Le candidat à l'École Navale peut même ignorer qu'il a existé une France avant 1789 ! Rattachons davantage la jeunesse française à ses ancêtres, à ses racines nationales.

M. LE PRÉSIDENT. — Si l'on a réduit les programmes de l'examen, c'est sur la plainte générale des familles, qui trouvaient les enfants surchargés. Autrefois, les programmes étaient plus chargés, parce qu'on se préoccupait moins de l'examen. Il est bon que les élèves sachent qu'il y a toujours, hors des matières d'examen, des choses indispensables à savoir, et qu'ils s'y intéressent sans se préoccuper du baccalauréat. Aussi n'est-il peut-être pas bien nécessaire de remettre toute l'histoire de France au programme du baccalauréat, pour lui rendre son importance...

M. WEILL n'est pas de l'avis de M. Rocafort. Les élèves de troisième et de seconde ont le bonheur de ne pas faire d'histoire en vue d'un examen ; ce serait nuire à l'histoire de France que de leur imposer ces revisions de faits, qui ne sont qu'une surcharge pour la mémoire, et qui font penser qu'on n'apprend qu'en vue de l'examen.

M. RABAUD. — M. Rocafort a dit qu'il fallait former

les enfants selon notre religion nationale. Or, il n'y a plus de religion d'État ; et quand il y en avait une, il y avait en même temps beaucoup d'hérésies ; et la justice, le bon sens, la valeur morale, n'étaient pas toujours du côté de la religion d'État. On a dit qu'il fallait par l'histoire enseigner la tolérance ; c'est la justice qu'il faut enseigner.

On a dit aussi qu'il ne fallait pas faire de politique dans l'enseignement. Il ne s'agit pas de servir la politique de tel ou tel parti. Mais il y a une politique générale qui s'impose à l'enseignement universitaire, puisque, l'Université, c'est l'État enseignant. Ce qu'il faut bien marquer, c'est que, dans les lycées de la République, les professeurs doivent être de sincères républicains et donner une éducation républicaine.

M. LE PRÉSIDENT. — Nous ne pourrions évidemment ici arriver à définir ce qu'est la religion historique de la France : elle est faite de trop d'éléments ; et il est inutile d'entrer dans le débat.

M. ROCAFORT n'a voulu parler qu'au point de vue historique ; il lui semble que lès faits l'autorisaient à parler, dans le passé, d'une religion nationale.

M. FALLEX. — Un fait suffit à expliquer ce qu'on entend par là : c'est l'abjuration de Henri IV.

M. ROCAFORT. — De cette religion, je n'ai parlé que comme d'un fait historique. Qu'on l'exalte ou qu'on la flétrisse, il est bien évident que son action quinze fois séculaire a contribué à former notre esprit national ; c'est là tout ce que j'ai voulu dire.

IX

Séance du 14 mars 1901.

L'ÉDUCATION MORALE PAR LES CLASSES

CLASSE DE PHILOSOPHIE

Exposé fait par
M. MALAPERT
Professeur de Philosophie au lycée Louis-le-Grand.

En écoutant la série des conférences et des discussions qui se sont poursuivies ici depuis quatre mois, j'ai eu cette illusion que j'étais l'enfant, l'adolescent, le jeune homme qui, passant successivement par tant de disciplines ingénieuses et subtiles, recueillait le bénéfice de cette éducation morale directe ou indirecte dont on nous a montré les formes multiples, les moyens si souples et si variés, l'influence si pénétrante, l'efficacité certaine. Faisant le compte des sentiments élevés, des qualités fortes ou délicates, des vertus privées ou publiques ainsi éveillés et cultivés en moi, je me suis demandé, non sans quelque inquiétude, quel bienfait nouveau j'avais à espérer de cette dernière année d'épreuves qui s'appelle la classe de philosophie. Et voici qu'aujourd'hui je suis mis en demeure de résoudre le problème. Ce qui me rassure, c'est d'abord que je regarde les choses par l'autre face et que, comme professeur de philosophie, je suis bien obligé de proclamer et de croire que j'ai un rôle actif à jouer dans cette œuvre de formation morale ; c'est ensuite qu'au témoignage de beaucoup la classe de philosophie est, en somme, celle peut-être qui, toutes choses égales d'ailleurs, laisse le souvenir le plus présent, fait l'impression la plus profonde et la plus durable. Cette constatation, au surplus, pour agréable qu'elle me soit, ne m'inspire aucune vanité corporative, car la chose ne saurait tenir à la personne du professeur, mais aux conditions spéciales dans lesquelles il se trouve placé. C'est donc à ces conditions qu'il conviendra d'appliquer notre attention.

Or, si je m'interroge sur la façon dont a lieu cette influence morale, sur les causes qui la rendent particulièrement facile et efficace, il me semble que j'aperçois trois ordres principaux de considérations à faire valoir : l'action qui s'exerce d'une façon directe et personnelle par les conseils, les conversations; celle qui résulte de l'enseignement en général; celle enfin qui provient de l'enseignement de la morale proprement dite. Peut-être quelques conclusions générales sortiront-elles tout naturellement d'un très rapide examen de ces divers points.

I. — En premier lieu, il est bien évident que le professeur de philosophie peut entrer en relation d'une manière intime avec ses élèves pour redresser quelques travers, attirer l'attention sur certaines qualités et certains défauts, pour encourager, faire rentrer en soi-même, réconforter, conseiller, — qu'il parle à quelqu'un d'entre eux en particulier ou qu'il s'adresse à tous. Il le peut autant et plus que ses collègues. Je dis plus, et cela pour plusieurs motifs. Je suis bien loin de réclamer pour le professeur de philosophie le monopole de cette sorte de direction morale. Cependant il faut bien convenir que par ses études antérieures, par la nature même de son enseignement, il est plus ordinairement incliné à envisager sa fonction et son rôle sous ce biais particulier. D'autre part son programme lui fournit mille occasions inévitables d'entrer dans cet ordre de considérations; les digressions ont aisément l'air d'être à leur place; ses élèves au surplus savent qu'il enseigne la morale, qu'il fait des leçons sur Socrate, et en conséquence il n'a presque pas d'efforts à faire, il a à peine besoin de tact, pour ne pas paraître ridicule dans son rôle de moraliste pratique. Enfin il a affaire à de grands garçons devant qui il peut aborder bien des questions délicates, qui peut-être ailleurs sembleraient un peu déplacées : rien n'est plus simple que de leur parler de l'amour, de la femme, par exemple, et sans les faire sourire. Il y a donc là tout un ensemble de circonstances favorables qui ne manqueront pas d'inciter l'élève à regarder son professeur de philosophie comme un homme à qui il peut venir, en toute confiance, demander un avis, faire une confidence. C'est là une première forme d'action moralisatrice que, pour ma part, j'estime excellente, très pénétrante, à laquelle les élèves se prêtent très volontiers, qu'ils goûtent fort et dont ils nous savent gré, plus qu'on ne le croit, plus surtout qu'on ne le dit. Elle est très générale dans nos établissements d'enseignement secondaire, bien qu'on l'ignore ou qu'on le nie. Je le répète, elle n'est pas propre au professeur de philosophie : je veux dire seulement qu'elle lui est peut-être plus facile et plus naturelle.

II. — J'arrive maintenant à ce qui est plus vraiment particulier à la classe de philosophie. Et comme je suis très fermement convaincu que l'éducation morale n'est pas absolument la même chose que l'enseignement de la morale, je m'arrêterai un peu plus longtemps à l'examen des avantages moraux que nos élèves doivent nécessairement, encore qu'à leur insu parfois, retirer de l'étude des diverses matières de notre programme, exception faite de la morale proprement dite.

On nous a dit déjà, à mainte reprise et excellemment,

quelle était l'importance de ces qualités en apparence purement intellectuelles, qui s'appellent la justesse et la précision du jugement, la souplesse et la largeur de l'esprit, la fermeté du raisonnement, la capacité de gouverner son attention. Je n'y veux pas revenir, me bornant à constater qu'à cet égard le professeur de philosophie continue l'œuvre qui s'est poursuivie dans toutes les classes antérieures. Mais voici qui dans une très large mesure me semble nouveau : à l'éducation de l'attention, nous ajoutons celle de la *réflexion*. Ce ne sont pas là des termes synonymes. L'attention est une application de l'esprit à quelque chose d'objectif, qui n'est pas nécessairement matériel et perceptible sans doute, et peut être des idées, des concepts, mais qui cependant est toujours posé devant la pensée comme son point d'appui, et qui s'incarne dans un texte, dans une formule, qu'il s'agit de pénétrer, de préciser, de s'assimiler. La réflexion consiste proprément dans un retour de la pensée sur elle-même ; elle est l'effort que fait l'esprit pour se mettre en présence de lui-même et de ses propres idées ; elle permet de se rendre compte de soi, de voir clair en soi, de s'interroger sincèrement sur ce que l'on pense, sur ce que l'on croit, sur ce que l'on sent, de ne pas juger à la légère, de dissiper le nuage opaque fait de préjugés, d'opinions toutes faites, de convictions factices, de sentiments d'emprunt, d'illusions et de prestiges, qui presque toujours empêche les hommes de savoir ce qu'ils sont, ce qu'ils veulent, ce qu'ils valent. A l'exactitude objective, elle ajoute donc la sincérité subjective. Car ce n'est pas assez de dire seulement ce que l'on croit, il faut encore chercher le fondement de ses croyances, en critiquer la valeur, en déterminer l'exacte portée, les justes limites : s'habituer à ne pas trop abonder dans son propre sens, à se défier des affirmations tranchantes, à n'être dupe ni des autres ni de soi-même, à ne relever que de sa pensée, mais à surveiller sa pensée; arriver en un mot tout ensemble à la liberté et à la probité intellectuelles.

A ces divers égards, quels meilleurs instruments que la psychologie, la métaphysique et l'histoire de la philosophie? N'est-il pas vrai que la première est merveilleusement apte à provoquer cette intériorisation dont je parlais tout à l'heure? La finesse psychologique ne complète-t-elle pas la finesse littéraire? Et quand j'ai dit à mes élèves — à chaque instant — qu'ils ne peuvent vraiment comprendre et apprécier une analyse psychologique s'ils n'ont pas essayé de saisir en eux-mêmes et sur le vif les faits, les processus que je leur traduis par des mots; quand je les ai accoutumés à confronter les théories que je leur expose avec cette réalité concrète qui est la vie psychique en acte; quand je leur ai fait comprendre que par-dessous l'âme plus ou moins factice et frelatée qu'ils imaginent et qu'ils revêtent, pour en avoir trouvé des descriptions dans les livres, il y a une âme plus naïve, plus spontanée, qu'ils doivent apprendre à retrouver, et qui est leur âme même qu'il s'agit de connaître, d'apprécier et de réformer; — quand j'ai fait cela, est-ce une illusion complète que d'espérer que j'ai travaillé et, dans quelque mesure, réussi à développer en eux ce que j'appelais tantôt la sincérité objective? Cet examen de conscience psychologique auquel je les convie n'est-il pas la naturelle introduction à l'examen de conscience proprement moral?

D'autre part, est-il possible de traiter une foule de questions psychologiques sans toucher au plus profond de la vie morale? Il me serait difficile quant à moi, je l'avoue, de faire une leçon sur la croyance sans montrer à mes auditeurs que beaucoup de nos croyances se forment en nous aveuglément, qu'il y a souvent dans nos opinions, et à leur base même, quelque chose de sourd et d'obscur, qu'il y faut faire pénétrer le jour, qu'il faut avoir foi dans l'efficacité de la lumière et la vertu de la raison. Au principe d'autorité qui crée des croyances du dehors et mécaniquement s'oppose ainsi comme de soi-même le principe de liberté; et nos élèves apprennent le prix de la méditation désintéressée, sentent que le vrai moyen d'être soi, c'est d'être par soi. — Ai-je à parler de l'habitude, de la volonté? Comment me dispenserais-je d'entrer dans un certain nombre de considérations morales dont je dois vous faire grâce, et que chacun d'entre vous connaît mieux que moi?

Que l'étude des questions de métaphysique qui figurent à nos programmes et aussi l'étude de l'histoire de la philosophie nous soient d'un précieux secours dans cette œuvre de formation intellectuelle, que je regarde comme une œuvre de formation morale au premier chef, c'est ce qui me semble incontestable encore. Il ne s'agit pas, bien entendu, de plonger et de noyer nos élèves dans toutes les subtilités d'une métaphysique abstraite et verbale, de les accoutumer à jongler avec des formules d'autant plus maniables et ductiles, transmutables et universellement utilisables, qu'elles sont plus vides de contenu réel; tout en reconnaissant ce qu'il peut y avoir d'heureux dans cette sorte d'ivresse métaphysique qui s'empare aisément des jeunes esprits, j'avoue avoir peu de goût pour cette gymnastique, et j'y vois d'assez graves dangers. Je ne pense pas non plus qu'il soit opportun d'étudier l'histoire de la philosophie avec une accumulation trop consciencieuse de détails, en s'entourant d'un appareil critique trop hérissé, en discutant toutes les interprétations, en commentant toutes les gloses, en proposant des gloses sur tous les commentaires : laissons cela à l'enseignement supérieur, comme y étant à sa place. Mais, par contre, je ne puis m'empêcher de croire qu'il soit inutile d'amener nos jeunes gens à comprendre que se posent à l'esprit de grandes questions dernières, de leur montrer comment elles se posent, de leur en donner le sens, de leur faire voir qu'elles ont été abordées par divers biais, résolues de multiples façons par les plus puissants esprits dont s'honore l'humanité. De grandes leçons morales se dégagent encore de là. On y apprend à ne pas croire qu'on ait dans la tête, comme disait Montaigne, « la règle et la mesure des choses » ; on y apprend à ne pas traiter de criminels et de fous les gens qui ont l'étrange malheur de ne pas partager toutes nos opinions ; on y apprend que la vérité n'est le monopole de personne ; on y acquiert cette large et saine tolérance intellectuelle faite de probité, de respect de la pensée d'autrui comme de la sienne propre, de justice et de sympathie. Qu'on ne craigne pas au reste que, par ce moyen, on ne sème les germes d'un scepticisme facile et malsain. Quelle plus admirable preuve au contraire pourrait-on donner de la vitalité et de la valeur de la raison, que de la faire voir travaillant sans cesse et se renouvelant sans relâche ? Et puis enfin le professeur sait conclure pour son propre compte, proposer, sans l'imposer jamais, la solution qui lui paraît la plus proche de la vérité ; et surtout il donne à ceux qui l'écoutent l'exemple d'une pensée qui, en toute modestie et en toute sincérité, se met en quête d'une doctrine qui la satisfasse, avec la seule passion du vrai.

III. — Enfin le professeur de philosophie enseigne la morale. C'est un point sur lequel, dans la première de ces conférences, M. Lévy-Brühl a insisté, et qui a donné lieu déjà à un échange d'intéressantes observations. Je n'y reviendrai donc que pour mémoire, et aussi pour préciser quelques nuances par où je me séparerais peut-être un peu de M. Lévy-Brühl.

En ce qui concerne le cours de morale pratique, je

crois bien que le professeur ne se sent pas fort embarrassé. Sur la plupart des obligations qui s'imposent à l'homme et au citoyen, on se trouve en somme d'accord, quelles que soient au reste les théories auxquelles on se rattache. Qu'on donne à la morale un fondement théologique, ou métaphysique, ou scientifique, on conviendra sans doute que le mensonge, la lâcheté, le vol, l'assassinat sont plutôt à blâmer, la sincérité, le courage, la bonté, l'amour de la justice, plutôt à louer. Il y a là toute une longue série de vertus et de vices communément reconnus comme tels. Mais, dira-t-on, à cause précisément qu'il ne fait qu'énumérer des devoirs que nul n'ignore, le cours de morale pratique n'a guère d'efficacité. Je ne le pense pas. Car il peut être autre chose qu'une froide nomenclature, une ennuyeuse classification, un catalogue plus ou moins officiel et complet; il y a le ton qui vivifie, la conviction qui réchauffe, l'allure libre, la causerie, les problèmes qu'on résout en commun, tout ce qui anime la classe et y fait participer les élèves : plus que partout ailleurs les aptitudes socratiques de chacun sont ici de mise et se trouvent vraiment profitables. Il y a plus. En bien des cas la conscience générale ne saisit les choses qu'en gros, ne se rend pas un compte exact de tout ce qu'impliquent les devoirs les plus incontestés. Que de découvertes — et combien de surprises parfois ! — quand on serre de près les choses, quand on arrive à voir que l'obligation en apparence la plus humble entraîne mille conséquences auxquelles on n'avait pas songé, quand on en vient à s'apercevoir qu'il n'est pas si facile de se mettre en règle avec le devoir. Les sentiments moraux même les plus vifs ont encore besoin d'être éclairés et précisés. Nos jeunes gens ont un sentiment très ardent, très généreux de la justice; on n'y fait pas appel en vain ; mais savent-ils aussi bien ce que c'est que la justice, tout le détail de ce qu'elle ordonne et de ce qu'elle défend? Il y a là une mine inépuisable à creuser : les vaines subtilités y sont inutiles, la simplicité la plus entière y est de règle, et le goût très certain des élèves pour les questions de cet ordre nous est un sûr garant du profit qu'ils en peuvent tirer.

Autre chose. Parmi les devoirs, il en est que nos jeunes gens, je ne veux pas dire ignorent ou méconnaissent, mais ne placent pas à leur vrai rang, ne jugent pas aussi importants qu'ils le sont en réalité. Je ne veux pas dire de mal de la famille ; j'y vois, quand elle est normale et saine, la première et la plus solide assise de la moralité future de l'enfant ; il y a en elle quelque chose qui ne se peut remplacer. Toutefois je ne puis m'empêcher d'observer que l'éducation — même excellente — qui s'y donne a presque toujours besoin d'être complétée. La famille développe certains sentiments, cultive certaines formes de devoir, mais il est d'autres sentiments, d'autres obligations qu'elle néglige, par sa nature même, plus ou moins. Les devoirs civiques, les devoirs sociaux doivent à l'école être mis dans une plus pleine lumière ; il faut que sur eux le professeur attire plus expressément et plus fortement l'attention. Le fondement de l'autorité publique, la constitution et les lois, les devoirs et les droits des citoyens et des gouvernants, l'État et la Patrie, voilà bien des points sur lesquels le cours de morale pratique est capable de préciser, de rectifier, de compléter les idées que le jeune homme a récoltées de ci de là, dans la famille, dans le journal, n'importe où et n'importe comment.

Pour ce qui est de la morale théorique, le professeur se peut trouver dans un assez cruel embarras. S'en tient-il à telle ou telle conception métaphysique, il peut craindre que l'édifice ne vienne à craquer. Veut-il proposer une morale scientifique, il ne peut vraiment pas la déclarer constituée.

Ces scrupules et ces hésitations, je les conçois fort bien, je les partage; mais j'ai néanmoins cette confiance qu'ils sont d'ordre si proprement intellectuel et spéculatif qu'ils n'ôtent pas à l'enseignement de la morale théorique sa valeur. Les grandes doctrines morales que nous avons à faire passer sous les yeux de nos élèves ne sont jamais basses et avilissantes. L'utilitarisme d'un St. Mill ou d'un Spencer, l'altruisme social d'un A. Comte, la doctrine du pur devoir d'un Kant, ont chacun sa noblesse et sa beauté. Quel que soit donc le système auquel vont les préférences du professeur, pourvu — et cela est inévitable — qu'il y mette sa conscience d'honnête homme, il y a un bénéfice moral très sérieux à attendre de ce fait que le jeune homme qui nous écoute trouve systématisées ses aspirations, transformés en principes de conduite les sentiments qui l'agitaient : cela l'éclaire et le réconforte.

IV. — S'il y a quelque chose de vrai dans ce que je viens d'indiquer, peut-être en résultera-t-il quelques conséquences touchant les conditions sans lesquelles la classe de philosophie ne saurait avoir l'importance que je voudrais avoir mieux montré qu'elle peut et doit avoir.

Je serais, en premier lieu, désolé que, de ce que j'ai dit touchant l'action directe et personnelle du professeur, on tirât argument en faveur de cette conception qui tendrait à nous transformer en prédicateurs permanents, en anges gardiens laïques attachés à la personne de chacun de nos élèves. Il ne faut pas que les coins de nos couloirs et de nos cours se transforment en confessionnaux, que nos conversations privées prennent un petit air d'inquisition, avec effraction de consciences. C'est de la confiance spontanée qu'il faut tout attendre; il ne faut pas réglementer ce qui dépend par-dessus tout du tempérament, du caractère de chacun.

L'efficacité de ces causeries morales serait singulièrement diminuée au cas où d'un côté comme de l'autre on sentirait qu'il s'agit d'un service commandé.

En second lieu, je souhaiterais pour ma part qu'on fît preuve d'une extrême prudence dans la revision des programmes de philosophie qu'on nous fait espérer ou dont on nous menace. Réduire notre cours à la logique et à la morale me paraîtrait tout à fait dangereux, même au cas où l'on enrichirait cette dernière de toute la sociologie. La sociologie qui, du reste, en beaucoup de ses parties, n'a guère sa place dans l'enseignement secondaire, ne remplacerait pas, à mon sens, et pour les raisons que j'ai essayé de faire pressentir, la psychologie, la métaphysique, l'histoire de la philosophie. Il est sage de ne pas trop prescrire, de peur de trop proscrire. Le professeur de philosophie, plus que tout autre peut-être, et à cause des questions mêmes qu'il traite, et aussi parce qu'il doit avant tout s'attacher à former de libres esprits, a besoin de jouir d'une large indépendance dans les limites des programmes, et d'une complète liberté de doctrine : c'est son premier droit, étant son premier devoir, sa raison d'être et l'essence même de sa fonction.

Enfin je suis très fortement convaincu que ce serait une très lourde faute, plus qu'une faute, que de découronner notre enseignement secondaire en lui arrachant la classe de philosophie en tant que classe spéciale. Elle est, socialement, d'une incomparable importance parce qu'elle peut, plus que toute autre, s'opposer à l'envahissement d'un utilitarisme vulgaire. Il faut que la jeunesse à qui nous nous adressons ait appris qu'il y a autre chose que les intérêts immédiats, il faut qu'elle sache qu'au delà des faits il y a des idées, il faut qu'elle connaisse la valeur des méditations désintéressées, qu'elle puisse acquérir un peu le sens et le goût de l'idéal. Dans une démocratie qui a besoin avant tout de citoyens libres ne sacrifions pas si légèrement la philosophie, s'il est vrai, comme le proclamait Aristote, qu'entre toutes les sciences elle est libre.

---

## DISCUSSION

M. LE PRÉSIDENT CROISET propose de mettre en discussion les conclusions de M. Malapert, en commençant par celle qui sans doute provoquera le moins de discussions, le maintien de la classe de philosophie.

M. BELOT félicite M. Malapert de la précision et de la force avec lesquelles il a exposé la nécessité du maintien intégral de la classe de philosophie. Pour sa part, il a bon espoir que cette classe sera maintenue. On peut songer à détruire ce qui est déjà à moitié mort ; mais ce n'est pas le cas pour la classe de philosophie. Dans l'enquête organisée il y a quelques années par une revue sur cette question, tous, adversaires ou partisans de la classe de philosophie, se trouvaient d'accord pour reconnaître sa vitalité.

M. LE PRÉSIDENT est de l'avis de M. Belot. La classe de philosophie est bien vivante ; et, pour qu'elle remplisse tout son rôle, il suffit que les professeurs soient de plus en plus pénétrés, sans aucune pédanterie, de la grandeur morale de leur tâche et de la responsabilité morale qu'ils ont dans leur enseignement.

Tout le monde sera d'accord également sur la liberté nécessaire des professeurs de philosophie.

Une question plus délicate est la question de la revision des programmes. Il ne faut, a dit M. Malapert, ni trop prescrire ni trop proscrire ; et, en particulier, il a montré le rôle important au point de vue moral de l'enseignement de la psychologie et de la métaphysique, ainsi que de l'histoire de la philosophie.

M. BELOT. — La formule de M. Malapert est bonne. Il ne faut ni trop prescrire ni trop proscrire. Il y a d'ailleurs intérêt à ne pas trop préciser. Le programme actuel est trop impératif, trop détaillé sur certains points. De là, pour le professeur, une gêne ; il peut se sentir obligé à développer certains points comme les autres, parce que le programme leur donne autant de place ; et ainsi, dans son cours, il n'apporte pas sa personnalité, qui est la condition de son action. Chacun, s'intéressant davantage à certaines questions, peut y intéresser les élèves, et doit pouvoir en faire la partie principale de son enseignement. Il faut donc que les programmes soient souples.

M. Malapert a défendu l'enseignement de la métaphysique ; il est bon d'insister sur ce point. S'il y a une partie de l'enseignement philosophique qui soit attaquée, et qui au dehors paraisse attaquable, c'est la métaphysique. On en a certainement abusé, et M. Malapert a bien montré qu'il fallait combattre la tendance à jouer avec des abstractions, à remplacer un développement sérieux par une construction simplement habile et brillante. Mais la métaphysique doit être, et elle est presque toujours autre chose que cela ; et, bien comprise, elle doit être maintenue. Elle n'est pas faite de choses rares, peu intelligibles ou même tout à fait vides ; elle est faite au contraire des idées qui sont de toutes les plus simples ; et elle est dans ce qu'il y a de plus usuel. C'est ainsi qu'il faut la comprendre et l'enseigner, en montrant qu'elle est ce qu'on trouve en toutes choses, et qu'elle touche à ce qu'il y a de plus réel. Alors elle sera inattaquable ; c'est un exercice de la réflexion sur des réalités physiques ou morales.

M. LE PRÉSIDENT estime que l'étude historique de la métaphysique est utile pour un esprit déjà développé. Mais l'enseignement dogmatique de la métaphysique a bien des inconvénients : un système risque de n'être pour le professeur qu'une construction, belle peut-être, mais hypothétique, et les élèves, qui ont l'esprit fin, s'aperçoivent vite que le professeur affirme, sur certains points, au delà de ce qu'il croit et de ce qu'il sait.

N'y aurait-il donc pas avantage à ce que cet enseignement fût donné historiquement, de façon à faire connaître les tentatives des grands esprits de toutes les époques pour résoudre des questions, peut-être insolubles d'ailleurs, mais que la pensée de l'homme ne saurait écarter complètement ? Cet historique serait de nature à éveiller et à diriger les jeunes esprits.

M. MALAPERT comprend à peu près ainsi l'enseignement de la métaphysique. Il n'est pas bon de présenter aux élèves un système de métaphysique. Il s'agit, soit historiquement, soit à propos de chaque question qui se pose, de les mettre en présence des idées, des systèmes, sans se livrer à ces reconstructions factices qui consistent à mettre d'accord toutes les idées dans toutes les fins de chapitres. En un mot, il ne faudrait pas que la métaphysique fût enseignée dans nos classes par des métaphysiciens. Un métaphysicien, parce qu'il a un système, est obligé de négliger une grande partie des faits ; c'est un exercice qui peut être profitable à faire pour soi, mais qui n'est pas utile à faire devant les élèves. Pour ma part, je mets mes élèves au courant de mes scrupules métaphysiques ; je ne suis pas un dogmatique.

Il s'agit là d'une question de méthode plus que d'une question de programme. L'essentiel, ce sont les moyens qu'on emploie pour donner l'éducation intellectuelle : la fin est toujours à peu près la même. La méthode de libération est la seule bonne dans l'enseignement philosophique.

M. Belot accepte ce qui vient d'être dit en partie seulement ; il croit juste les critiques qui ont été faites, mais non pas toutes les affirmations qu'on a émises ; et, s'il avait à caractériser l'enseignement métaphysique, il n'emploierait ni le mot dogmatique, ni le mot historique. Il serait mauvais d'avoir un système fait d'avance, auquel on attacherait une importance excessive ; et cette attitude est un fait extrêmement rare. Mais la méthode purement historique n'est pas non plus la bonne. Dans une histoire forcément sommaire, les plus grands systèmes ne sembleront aux élèves renfermer que des assertions gratuites ou même de pures folies ; cela est très dangereux, parce que cela fausse les choses ; il est immoral de laisser les élèves sous cette impression fausse. Pour comprendre les systèmes, il faudrait être soi-même métaphysicien. Aussi, entre l'attitude du dogmatique et la méthode historique, il y a une méthode qui caractérise l'enseignement de la métaphysique dans la classe de philosophie : c'est l'attitude critique. Il ne s'agit pas d'apporter des solutions, mais de faire comprendre l'intérêt des questions, de montrer pourquoi il y a des questions soulevées par la science, et qu'elle ne peut résoudre. C'est alors qu'on peut reprendre chaque système et en faire comprendre la portée. Le système de Spinoza, par exemple, devient intelligible aux élèves, si on leur montre la difficulté qu'il y a à comprendre la relation de l'âme et du corps autrement qu'en admettant entre eux une sorte de parallélisme. Par cette méthode, on évitera de donner cette impression que de grands esprits ont été des aberrants.

M. Rocafort demande si M. Malapert est d'accord

avec M. Belot sur la méthode qui vient d'être définie et sur le rôle de l'esprit critique.

M. MALAPERT. — La méthode dans l'enseignement de la métaphysique est à la fois critique et historique : elle n'est pas purement historique, parce qu'elle n'est pas une histoire des systèmes, mais une application, aux différentes questions qui se présentent, de vues empruntées aux différents systèmes.

M. ROCAFORT. — Le professeur de philosophie se réservant le droit d'indiquer ses préférences, il s'agit donc d'un demi-dogmatisme, d'un dogmatisme tendancieux. Moi, je veux bien, à la condition que je sache de quelle doctrine il s'agit.

M. MALAPERT. — L'essentiel est d'éveiller chez l'élève, par quelque procédé que ce soit, la méditation critique.

M. LE PRÉSIDENT. — Ce qui importe surtout, c'est que le professeur ne paraisse pas plus convaincu qu'il ne l'est réellement. Le procédé indiqué par MM. Belot et Malapert me donne pleine satisfaction : il montre à la fois la difficulté et l'intérêt des questions, les principaux efforts qu'on a faits pour arriver à une solution ; il montre la grandeur de ces efforts et celle des esprits qui les ont faits, sans dissimuler les limites de ces esprits.

Il reste à revenir sur la première conclusion de M. Malapert, qui a demandé que l'enseignement moral restât discret dans la classe de philosophie comme dans les autres classes. Pour moi, je suis d'avis qu'en effet cet enseignement ne doit pas ici non plus se faire dogmatiquement, et devenir une prédication, dont les élèves seraient les premiers à sourire. Mais il faudrait peut-être ajouter que, lorsque l'intervention du professeur a lieu, elle doit toujours avoir un caractère moral : il faut toujours faire appel à la conscience de l'enfant, et non pas se borner à une répression ou à des menaces,

M. BELOT. — Il faut dire aussi que beaucoup d'élèves ne se livrent pas volontiers, et qu'il y a un art de provoquer leurs confidences en dehors de toute intervention indiscrète.

M. MALAPERT. — On provoque ces confidences en leur inspirant confiance.

# X

Séance du 21 mars 1901.

## Y A-T-IL LIEU DE FAIRE DES CONFÉRENCES SPÉCIALES DE MORALE, EN DEHORS DES CLASSES ?

Exposé fait par
### M. G. BELOT
Professeur de Philosophie au lycée Louis-le-Grand.

A l'un des derniers congrès de professeurs, comme on discutait sur le rôle et la forme de l'éducation morale dans les lycées, la question s'est posée de savoir s'il convenait d'instituer des conférences spéciales de morale en dehors des classes. Lorsque fut décidée l'enquête à laquelle on s'est livré ici, on s'est souvenu de cette question et, en raison de la position que j'avais prise à ce sujet au congrès, on voulut bien me désigner pour l'étudier à l'École de Morale.

Je commencerai donc par rappeler qu'au sein du congrès, la proposition d'instituer de semblables conférences paraissait rencontrer principalement deux catégories d'adversaires et, comme ce sont sans doute les mêmes objections qui ont chance de s'élever ici, je crois utile de les classer dès l'abord.

Autant donc qu'il me fut possible de m'en rendre compte au milieu d'une discussion assez vive, mais assez confuse sur une question qui n'avait pas été préalablement étudiée, les oppositions ou du moins les hésitations venaient de deux côtés :

1e Beaucoup croyaient d'abord que l'enseignement moral n'avait rien à gagner à être explicite et exprès ;

qu'il était d'une efficacité plus sûre s'il s'exerçait discrètement, s'il résultait directement des études mêmes, s'il pénétrait ainsi peu à peu les esprits, presque sans qu'ils s'en doutent, de manière à être vraiment assimilé et à passer pour ainsi dire dans la substance morale, dans le caractère même de l'élève. Je me souviens du vif et très légitime succès qu'obtint M. Clairin en nous exposant avec autant de chaleur que de finesse ce que tout professeur, sans sortir de son enseignement, sans s'ériger en moraliste, pouvait faire pour le bien moral des élèves de tout âge. Nous aurons donc à examiner la place et la valeur respective de l'enseignement moral suivant qu'il est explicite ou implicite et diffus.

2° Beaucoup, tout en acceptant dans une certaine mesure l'idée de conférences spéciales de morale, semblaient redouter qu'elles ne retombassent dans la théorie pure, dans la spéculation philosophique et abstraite, et je me rappelle encore les malentendus prolongés auxquels donnèrent lieu les termes de *théorique* et de *pratique*.

Mais beaucoup surtout, parmi ceux-ci, se fondant sur une même conception de la subordination de la morale à des principes théoriques, se montraient encore plus nettement hostiles à la proposition parce qu'ils croyaient, dans l'institution de ces conférences, voir inévitablement impliqué une sorte de dogmatisme qu'ils repoussaient avec énergie. Au nom de quels principes enseignera-t-on la morale? Y aura-t-il donc un dogme universitaire qui présidera à cet enseignement? Et ils repoussaient l'hypothèse d'un tel dogmatisme comme aussi contraire à la liberté universitaire qu'au respect dû à la conscience des élèves et à la volonté des familles. Ou bien alors, pensaient-ils, cette morale sera dépourvue de principes et alors elle est inutile et inefficace. Ces objections, remarquons-le, seraient des plus graves, si elles portaient; elles sont en outre de celles qui surgissent le plus fréquemment et nous les avons déjà vues se produire ici, enfin elles émanent des scrupules les plus honorables, les plus conformes au libéralisme universitaire, et méritent par conséquent la plus grande attention. Mais elles se fondent, remarquons-le, dès l'abord, sur une conception peut-être arbitraire, ou exclusive de ce qu'on peut appeler les *principes* d'une morale, d'une idée discutable des rapports de la théorie à la pratique, en morale.

Peut-être une partie au moins de ces difficultés viennent-elles de ce qu'on se fait une idée confuse ou inexacte de ce que peuvent être des conférences de ce genre. Avant de répondre à des objections dont la portée dépend précisément du caractère qu'on prétendrait leur donner, essayons donc de nous rendre compte des différentes manières dont elles pourraient être conçues. Alors seulement nous pourrons distinguer ce qui, en pareille matière, serait inutile ou même fâcheux, possible ou même désirable.

Il me semble que si, en dehors de l'enseignement régulier, on croit devoir convier les professeurs à faire et les élèves à entendre des conférences morales, elles pourraient revêtir trois caractères principaux qui, dans la pratique, seraient assurément plus ou moins combinés, mais qu'il convient de bien distinguer ici pour s'entendre.

1° Ou bien elles seraient, comme disent les théologiens, simplement *parénétiques*, c'est-à-dire constituées par une exhortation à la pratique des différentes vertus, à l'accomplissement des divers devoirs. Ce serait le sentiment moral qu'il s'agirait surtout alors de cultiver ; on s'adresserait directement à la conscience, en supposant l'intelligence suffisamment éclairée d'ailleurs.

2° Ou bien au contraire ces conférences seraient essentiellement théoriques ou mieux encore *spéculatives*, et porteraient essentiellement sur les fondements philosophiques, sur les principes les plus généraux de la morale en général, sur le bien, sur la destinée de l'homme, sur les rapports de l'homme et de la vie humaine avec l'univers ou avec Dieu, etc. Ici encore, on supposerait dans une large mesure les devoirs connus et acceptés ; et il s'agirait, non d'en préciser le contenu, mais d'en chercher le fondement. Ici, ce n'est plus le sentiment moral qu'il s'agirait de rendre plus intense, mais la certitude des vérités morales qu'on espérerait, à tort ou à raison, consolider en l'appuyant sur une doctrine. Ce n'est plus directement à la conscience, c'est à la raison qu'on s'adresserait.

3° Il semble que ce soient sur tout ces deux types d'enseignement moral distinct qu'aient envisagé la plupart de ceux qui en ont contesté l'opportunité ; et à cet égard je me rangerais très certainement à leur opinion. Mais il en existe un troisième, d'un caractère tout différent, et qui ne me semble pas prêter aux mêmes objections. Faute d'un terme meilleur, je les désignerais sous le nom de conférences de *pratique positive*. Et il n'est pas étonnant qu'un terme plus parfaitement clair et exact me fasse défaut s'il est vrai que l'idée à traduire ici corresponde précisément à la lacune la plus certaine qu'on puisse signaler dans l'éducation morale commune, telle qu'elle est conçue et pratiquée au nom de la tradition. Je vise sous cette expression un enseignement qui différerait du premier en ce qu'il ne s'adresserait pas tant au sentiment qu'à l'esprit, et viserait plus à faire connaître et à définir des devoirs mal connus qu'à exalter les vertus admises, à éclairer la conscience qu'à la réchauffer ; et qui ne différerait pas moins du second, en ce que laissant de côté les fondements lointains, profonds et discutables de la moralité en général, il tendrait à rattacher les devoirs, d'une part, à leurs motifs les plus directs, les plus positifs et les plus concrets, à leurs conséquences pratiques, souvent mal aperçues, mais sur lesquelles l'entente se fait aisément dès qu'elles sont reconnues ; d'autre part à des règles, générales sans doute, mais dont la généralité n'empêche pas le caractère réellement pratique et ne fait guère que traduire un assentiment à peu près unanime, fondé sur une expérience sociale très étendue.

Examinons ces trois conceptions. Nous n'aurons pas, je pense, à nous arrêter longuement aux deux premières.

1° Tout d'abord, il ne me paraît guère possible d'instituer d'une manière systématique et avec quelque régularité des sortes de sermons laïques. A ce point de vue, je serais volontiers de l'avis de ceux qui préfèrent la morale diffuse à la morale expresse. Une prédication indiscrète peut faire même quelquefois plus de tort que de bien au progrès moral. Celui qui annonce d'avance qu'il va moraliser ses auditeurs est un peu comme celui qui les avertit qu'il va les faire rire : il risque de manquer son effet. Ce n'est point que la parole soit sans efficacité sur le sentiment et qu'elle ne puisse souvent galvaniser des bonnes volontés endormies, susciter des résolutions paresseuses, provoquer des élans généreux en des consciences honnêtes, mais sans initiative et sans ardeur. Mais outre que l'éloquence vraie qui peut obtenir de tels résultats est chose tout à fait exceptionnelle, c'est, je crois, un fait d'expérience qu'elle réussit d'autant mieux qu'elle ne s'emploie pas de propos délibéré. Quelques indications très sobres et sans prétention, quelques mots prononcés avec l'accent de la conviction intime, avec la chaleur d'une inspiration spontanée, lorsque l'occasion en est naturellement offerte par le cours des études ordinaires, mordent profondément, nous le savons tous, sur une classe où le professeur a quelque autorité personnelle, et peuvent produire plus d'effet qu'une longue homélie artificiellement préparée et écoutée par convenance. Je comprends donc fort bien que, si, dans l'institution d'un enseignement moral exprès, on n'entrevoit que de semblables homélies, elle excite plus de défiance que de sympathie, et qu'on préfère s'en tenir à cette forme d'enseignement moral que chacun de mes collègues s'est efforcé de définir ici et qui se répand dans les leçons les plus diverses. Ces excitations de la conscience tirent leur force en grande partie de ce qu'elles ont d'improvisé et d'inattendu, et aussi de ce qu'elles s'associent ainsi immédiatement à la vie elle-même et au cours naturel de la réflexion et des occupations scolaires.

D'ailleurs, la moralité vraie doit être en grande partie inconsciente et s'acquérir comme une habitude destinée à devenir une seconde nature. Il est dès lors logique de ne pas commencer par la détacher de la vie elle-même.

Sans écarter absolument un procédé que des circonstances exceptionnelles pourraient justifier à titre accidentel, je ne crois donc pas nécessaire de nous arrêter plus longuement.

2° Si nous passons au genre que j'ai appelé *spéculatif*, nous rencontrons alors la seconde catégorie d'adversaires. Si, pense-t-on, l'on renonce au genre de conférences que je viens d'examiner, et qui auraient un caractère exclusivement pratique, il ne reste qu'une autre alternative, c'est de les concevoir comme théoriques et spéculatives. Mais alors, à quoi bon ? Tout ce qui peut être utilement fait à cet égard se fait dans la classe de philosophie. En dehors de cette classe, y a-t-il aucun intérêt à développer un tel enseignement ? Il ne semble présenter d'intérêt que pour le développement de la réflexion, mais on ne voit guère comment il pourrait, du moins directement, servir aux fins de l'éducation morale proprement dite. Sur ce point encore, je serais pleinement d'accord avec les adversaires de l'institution que nous examinons. J'irais même très loin dans ce sens. L'incertitude même et le conflit des systèmes philosophiques, qui prétendent formuler les principes *derniers* de la morale n'est-elle pas plus propre à troubler la conscience qu'à la fortifier? Il faut donc d'abord accorder qu'en fait l'honnêteté réelle, la délicatesse ou le courage moral ne doivent pas grand'-chose à la spéculation sur le bien, la perfection, la spiritualité, le devoir pur, l'optimisme, le pessimisme, l'immortalité, Dieu : mais j'irai jusqu'à dire qu'il serait presque fâcheux que cette moralité réelle et vivante, que nous cherchons à faire naître ou à développer, dût trop à de tels principes. Non seulement la conscience morale doit leur préexister, mais il est pratiquement souhaitable qu'elle en reste indépendante même après qu'ils auraient été examinés, et même après que l'on aurait pu faire entre ces principes (ce qu'on ne voit guère se produire) un choix bien arrêté et fortement motivé. Ces prétendus fondements de la morale ne sont que les fondements d'une construction *intellectuelle* faite après coup, mais non pas du tout ceux de la moralité *réelle*. En fait, celle-ci s'est formée indépendemment d'eux. À un point de vue purement abstrait ils peuvent nous servir à la comprendre, mais ils ne peuvent guère nous servir à la créer ou à la maintenir, et, s'ils le pouvaient, il faudrait à mon sens éviter avec soin de leur demander un tel service. C'est en ce sens, qui n'est pas tout à fait celui de Pascal, que je dirais avec lui : la vraie morale se moque de la morale. Si j'avais une critique à faire à l'éducation morale telle qu'elle se présente en fait, à peu près généralement, ce serait précisément d'accorder beaucoup d'importance à ces principes. S'il y a souvent chez les individus, si l'on croit constater aujourd'hui dans l'ensemble de la société une crise morale, la faute n'en est-elle pas en bonne partie à cette forme de l'éducation morale qui solidarise la moralité, nécessité fondamentale et constante de toute vie sociale, avec des dogmes toujours incertains, toujours incapables de commander un assentiment universel, toujours caducs par leur essence même ? Lorsqu'on s'est efforcé de créer dès l'enfance cette conviction qu'il n'y aurait plus ni bien ni mal, ni honneur ni honte, ni devoir ni responsabilité à moins de croire qu'un Dieu vengeur nous surveille ou que nous engageons le sort de notre vie éternelle, il est bien difficile que la conscience qui a pris de telles habitudes ne se trouve pas désemparée le jour où les croyances auxquelles elle avait demandé son soutien viennent à lui faire défaut, sans qu'aucun effort réussisse à les restaurer, sans qu'une vraie sincérité permette même de tenter une sorte de coup d'état intérieur pour proscrire le doute. Je n'oserais pas affirmer que l'Université, dans son enseignement philosophique a toujours évité cette malencontreuse méthode.

Ce n'est pas moi qui proposerais de la reprendre. Ç'a été un progrès pour la pensée scientifique de s'affranchir de la domination directe de la métaphysique, et, quelque service qu'elle ait pu rendre dans le passé, de ne plus admettre son intervention effective dans la science. Peut-être en doit-il être de même de la morale. Elle comporte assurément, comme la science elle-même, une application de la recherche métaphysique ; mais pas plus qu'elle elle n'en doit dépendre. S'il est une conviction qu'il soit désirable de voir se répandre et se fortifier, c'est que le contenu de nos devoirs, ou même la vivacité du sentiment moral ne reposent pas plus sur une doctrine métaphysique, que le théorème de Pythagore ne repose sur une théorie leibnitzienne ou kantienne de l'espace.

Si cette conviction est à souhaiter pour le bien de l'éducation morale en général, à plus forte raison ne peut-on guère, quand il s'agit de celle que peut donner l'Université, se placer dans une autre hypothèse. Comprise en ce sens, notre neutralité, qu'on peut d'ailleurs entendre de bien des façons moins acceptables, me paraît la chose du monde la plus naturelle. Loin

d'être pour nous une gêne elle doit être véritablement
une force : loin de nous placer dans une situation exceptionnelle, il me semble qu'elle nous replace tout
simplement dans la situation que je conçois comme la
seule vraiment normale. Elle nous obligerait, si besoin
était, à adopter la seule méthode vraiment rationnelle.

C'est dire combien peu je comprends comment, parce
que nous instituerions des conférences de morale, nous
nous condamnerions à je ne sais quel insupportable
dogmatisme, comment nous nous exposerions, d'un
côté à porter atteinte à la liberté de conscience de nos
élèves, de l'autre, à nous inféoder nous-mêmes à je ne sais
quelle orthodoxie universitaire ou gouvernementale.
Aucune conscience d'abord n'a le droit de s'offenser de
ce que nous omettions dans nos démonstrations morales des dogmes qui ne pourraient y jouer aucun rôle
et que, à ce point de vue, il est tout aussi inutile d'attaquer que d'invoquer. Chacun reste libre de les sous-
entendre si bon lui semble. Je sais bien qu'il y a des
dogmatismes qui protesteront contre cette abstention
et cette indifférence même et qui, après nous avoir
demandé la neutralité, trouveront moyen de nous la
reprocher. Mais à cela nous ne pouvons vraiment rien.
D'un autre côté, si nous nous plaçons résolument sur
le terrain des faits, si nous étudions les problèmes
moraux d'une manière aussi objective que possible, en
mettant simplement les consciences en présence des
conséquences pratiques de chaque mode de conduite
sans dissimuler sans doute rien de nos préférences,
mais sans les imposer non plus, si nous nous contentons d'éveiller la conscience morale, mais en lui fournissant en même temps les lumières nécessaires, je ne
vois pas quelle place il y aurait pour une doctrine officielle. Sans doute, tout est relatif. Il a toujours été possible à un gouvernement oppressif et intolérant de
proscrire, à sa fantaisie, même des doctrines d'ordre

purement scientifique. Si l'on imagine que nous revenions à un état politique où il soit possible à un gouvernement d'imposer une doctrine ou d'en interdire une autre, comme lors de l'édit de 1624 qui prétendit, sans aucun succès d'ailleurs, imposer l'aristotélisme, ou encore à l'époque où le courageux et spirituel arrêt burlesque de Boileau empêcha le Parlement de rendre un arrêt contre le cartésianisme, sans parvenir d'ailleurs à suspendre les tracasseries dont on poursuivait l'enseignement cartésien, — si, dis-je, on suppose le retour à un pareil état politique, ce n'est pas seulement l'enseignement de la morale, c'est à peu près n'importe quel enseignement qui serait exposé aux foudres d'un tel gouvernement. Mais il faut voir les choses telles qu'elles sont. Le retour à un pareil état d'esprit ne paraît guère possible ; et en ce moment même, ceux dont les théories politiques et gouvernementales seraient les plus contraires à la liberté de la parole et de la pensée sont obligés de la proclamer, en fait, parce qu'ils sont pour le moment hors d'état d'utiliser l'intolérance à leur profit. Plus nous nous placerons sur le terrain de la positivité, plus nous aurons de chance d'éviter le danger dont on nous menace. Un exemple sera ici plus convaincant que beaucoup de raisonnements. Depuis de longues années déjà les différents gouvernements qui se sont succédés en France y ont accentué progressivement le système protectionniste. Voilà une question précise, correspondant à une pratique gouvernementale bien définie et à des doctrines nettement affichées par nombre de ministres. Or je n'ai jamais entendu dire qu'aucun professeur, pas plus dans l'enseignement secondaire, où l'économie politique a sa place, que dans l'enseignement supérieur, eût été inquiété pour avoir professé, comme la majorité le fait très probablement, des opinions libre-échangistes. Pourquoi? Vraisemblablement parce que, si controversée que soit la matière, elle est de nature positive. On ne se fâche guère contre l'opinion adverse que quand on se sent hors d'état de prouver la sienne. Les coups commencent au moment où les raisons manquent. Tâchons donc de donner à l'enseignement moral un caractère aussi voisin que possible de celui que je viens de trouver dans l'enseignement économique, et nous pouvons espérer pour celui-là le même sort et la même liberté que pour celui-ci.

Au fond, ceux qui redoutent qu'en nous mêlant de l'enseignement moral nous ne suscitions une ortho-doxie sont dans le même état d'esprit, sous bien des rapports, que ceux qui par avance en proclament ou en acceptent une : en effet, les uns et les autres croient que la morale se fonde sur une *doxie* quelconque. C'est cette conception qu'il faudrait avant tout écarter.

3° Il me reste donc à montrer ce que peut être un enseignement moral distinct, en dehors des deux hypo-thèses que nous venons de discuter, et quelles raisons pourraient en justifier l'organisation.

Il aurait, ai-je dit au début, ce caractère que j'ai ap-pelé pratique et positif. En le déclarant pratique, j'écarte l'idée qu'il ait pour objet une philosophie morale, mais en le déclarant positif, j'écarte en outre l'idée qu'il con-siste en simples encouragements à la vertu, en simples excitations plus ou moins artificielles de la conscience. Encore une fois je ne méprise nullement de telles exci-tations, et si, comme on me l'accorde aisément, elles trouvent place dans toutes les parties de l'éducation, à plus forte raison elles pourraient constituer en quelque sorte le ton, l'*accent* d'un enseignement moral spé-cial, comme cela peut déjà avoir lieu dans l'enseigne-ment de la morale en philosophie, en élémentaires, en quatrième moderne. Mais cela ne saurait constituer un *objet* d'enseignement.

Ce qui au contraire en constitue un, c'est ce qu'on

appelle le contenu, la matière même de la moralité, c'est-à-dire les objets, les conditions pratiques et sociales de notre activité. Je me ferai mieux comprendre si je commence par faire sentir deux caractères qui, avec le dogmatisme ou le caractère doctrinal que je signalais tout à l'heure, me paraissent deux défauts bien marqués de l'éducation morale la plus communément répandue.

Le premier, c'est ce que j'appellerai notre *formalisme moral*. J'entends par là (car le mot a reçu d'autres acceptions) l'habitude de condenser la moralité en formules simples et peu nombreuses, et à nous figurer que ces formules expriment d'une manière absolue et complète tout notre devoir. Ne pas mentir, ne pas voler, ne pas tuer, etc., voilà le devoir. Cela est si simple, si clair qu'il semble inutile de rien chercher au delà. En une dizaine de commandements de ce genre, et l'on pourrait sans doute en réduire encore le nombre, on fait tenir toute la moralité.

Je ne conteste pas qu'il soit légitime, inévitable, et même utile de ramener à quelques types essentiels les formes de l'action vertueuse ou vicieuse : mais je suis frappé de la déformation qui en résulte pour la conscience habituée à penser le devoir uniquement à travers ces formules. Elle croira le devoir satisfait dès que la lettre de la formule ne sera pas violée. On se croira à l'abri de tout reproche tant qu'on n'aura pas expressément affirmé le contraire de ce qu'on a pensé, enfoncé un poignard dans le cœur de son semblable, ou matériellement soustrait ce qui appartenait strictement à autrui. Le devoir devient abrupt et sans nuances ; dès lors il se réduit à ses applications les plus grossières. La conscience devient myope : il lui faut des devoirs énormes pour qu'elle les aperçoive. Le devoir, au lieu de pénétrer la vie entière, n'y apparaît que de loin en loin, en des occasions plus ou moins exceptionnelles.

La conscience est détournée de réfléchir sur les applications indirectes et atténuées, mais par cela même beaucoup plus fréquentes et en quelque sorte constantes de ses obligations, et il y a là quelque chose d'aussi fâcheux pour la spontanéité morale, pour la moralité tout intérieure que certains considèrent comme l'essentiel, que pour la justesse, la rectitude vraie de la conduite extérieure dont pour ma part je trouve qu'on tient trop peu de compte. Ainsi la moralité, en adoptant ces formes tranchantes et absolues, perd à ces deux points de vue beaucoup plus qu'elle ne gagne. Le sentiment de la relativité que tant de moralistes écartent avec horreur lui est beaucoup plus favorable. Il ferait comprendre par exemple que le devoir de ne pas mentir exige avant tout l'examen réfléchi de ce qu'on affirme : qu'il y a toutes sortes de manières, en dehors du cambriolage, de faire passer dans sa bourse l'argent des autres, et que beaucoup de ces manières-là sont couramment usitées par des gens que l'on déclare parfaitement honnêtes et qui même se croient très sincèrement tels parce qu'ils ne perçoivent l'injustice que lorsqu'elle commence à devenir crime. Il y a, somme toute, deux manières d'être « sans scrupules » ; il y a les gens qui n'en ont plus, et ceux qui n'en ont pas encore : et bien que ces derniers soient évidemment plus estimables que les premiers, ils ne sont cependant pas de bons agents de justice sociale.

Et cela m'amène au second défaut que j'attribuais à notre éducation morale, et qui est un excès de *subjectivisme*. Il serait trop subtil d'examiner ici le lien de ce travers avec le précédent, mais il n'est pas moins réel. Il semble à trop de gens que la bonne volonté, l'intention pure soit toute la moralité. L'essence de la moralité leur paraît être le mérite. Il semble que le but soit de pouvoir s'estimer soi-même, et il y a bien du pharisaïsme dans cette préoccupation de notre être moral tout intérieur. Nous ne nous demandons pas de quelle œuvre nous devons être les agents éclairés et actifs, nous nous demandons si l'âme que nous trouvons en nous, ou celle que nous travaillons à nous donner est elle-même une belle œuvre : et un vague dilettantisme moral, une sorte d'esthétisme quelquefois bien conventionnel et en quelque sorte déclamatoire (car on peut dire qu'il y a des manières d'agir déclamatoires aussi bien que des manières de parler), est souvent le terme de ce subjectivisme chez les esprits cultivés. Nombre de moralistes, qui n'ont fait tout d'abord que réduire en formules l'état moral de la société ambiante, ont contribué, en érigeant en principes ce qui n'était tout d'abord qu'un accident ou une déviation, à développer ces dispositions d'esprit. Ce sont ces dispositions qui expliquent comment l'idée d'une conférence de morale n'éveille chez beaucoup, comme je l'ai indiqué, que l'idée d'un discours édifiant, d'un prêche laïque pour le salut de notre âme. Je le dirai très franchement : ces tendances me paraissent fâcheuses. Ce n'est pas de vague spiritualité que nous avons besoin, mais d'active et précise sociabilité. Le sentiment du devoir ne peut se développer à vide, et c'est une tâche vaine que d'essayer de le cultiver autrement qu'en lui fournissant des objets capables de le susciter. Notre activité est à cet égard exactement comme notre pensée : les facultés de notre esprit ne prennent conscience d'elles-mêmes et n'acquièrent vigueur et sûreté que si on leur fournit un objet auquel elles puissent s'appliquer : notre activité veut aussi qu'on lui donne une œuvre à accomplir, une œuvre extérieure à elle, et pour laquelle elle puisse s'oublier elle-même, comme l'esprit s'oublie quand il pense, comme il s'oublie surtout quand il crée. Le désintéressement ne peut consister à rentrer en soi-même, mais à en sortir pour s'intéresser à quelque chose. C'est donc à mon sens une erreur non seulement morale, mais psychologique, de demander à un homme l'activité morale, et en même temps de tourner toute sa pensée vers sa propre perfection ou vers sa propre bonne volonté, c'est-à-dire vers lui-même.

Si l'on admet ces principes, on voit quel rôle précis peuvent jouer des conférences de morale. A proprement parler, elles doivent viser à faire discerner les devoirs dont, faute d'une connaissance suffisante de la réalité au milieu de laquelle ils sont appelés à s'exercer, on pourrait méconnaître l'existence ou la nature exacte; sur lesquels, faute de savoir les conditions sociales qui s'imposent à nous, la conscience resterait muette et aveugle ou même sujette à des illusions. Elles auront pour but, moins d'exhorter que d'éclairer. On supposera par exemple que les jeunes gens sont capables de sentiments de charité; mais on leur fera connaître, mieux qu'ils ne les connaissent, les nombreuses formes de la misère, dont les hommes mêmes des classes les plus favorisées n'ont pas toujours le soupçon; on leur fera connaître aussi les formes très diverses et de valeur très inégale de l'activité charitable, les difficultés qu'elle rencontre, les dangers d'une charité mal exercée. Et je crois que, du même coup, ils sortiront de là plus charitables qu'ils n'étaient entrés, parce qu'ils auront vu plus nettement les maux à soulager, et aussi les moyens plus ou moins efficaces de le faire. Et leur conscience elle-même, considérée intérieurement, aura fait un progrès parce qu'ils verront dans la charité non pas une simple disposition plus ou moins louable de l'âme, à laquelle on pourrait donner à bon compte satisfaction par des manifestations plus ou moins bien dirigées de désintéressement, une vertu personnelle enfin qu'il s'agirait de se donner, mais une œuvre à la fois très urgente et très élevée, très digne d'efforts, et aussi une œuvre très délicate, un art vraiment difficile, qui exige de l'initiative et de la réflexion personnelle pour être pratiqué avec justesse et sûreté.

Et ainsi ce sera ce qui la rend pratiquement efficace, et socialement bienfaisante, qui la rendra vraiment intéressante à pratiquer pour le sujet moral ; car on voit que tous les philanthropes se sont passionnés pour leur œuvre, au fur et à mesure qu'ils ont pris contact avec les difficultés pratiques, qu'ils ont mieux compris l'insuffisance des sentiments même les plus généreux. Et ils nous autoriseraient à retourner le mot de Saint-Paul. Pour eux, ce serait certainement cette sentimentalité s'excitant à vide, et n'agissant en quelque sorte que pour se soulager elle-même, qui serait l'airain sonore et la cymbale retentissante.

De même pour la justice ; nous croyons que nos auditeurs veulent tous la justice, mais ce qui leur manque c'est de savoir ce qu'elle peut requérir dans la pratique, c'est de reconnaître les différentes formes souvent très peu apparentes de l'injustice, par exemple dans telle ou telle partie de notre régime économique ; et je crois que leur volonté de justice sera par là également rendue plus consciente d'elle-même et plus ardente, aussi bien que plus complète et plus sûre.

Considérez encore, à titre d'exemple plus spécial, ce sujet si délicat et que l'on ose à peine aborder auprès des jeunes gens dont l'âge pourtant le permettrait, j'allais dire l'exigerait, cette question de la moralité sexuelle dont l'importance cependant n'échappe pas, puisque bien souvent les mots généraux de mœurs et de moralité sont appliqués uniquement dans ce sens particulier. Croyez-vous qu'il n'y ait pas une part énorme d'ignorance et d'inconscience de la part des jeunes gens dans la manière dont, souvent avec une très grande honnêteté foncière, ils traitent comme une chose à peu près indifférente une débauche tant soit peu discrète ? Il me semble que, voyant uniquement le présent, et d'une manière encore bien incomplète, ils ne se représentent pas assez l'abîme de misère et de déchéance auquel ils destinent les pauvres créatures qui servent à leurs plaisirs, ni la responsabilité personnelle qui leur incombe dans une infamie sociale qu'individuellement ils n'ont certes pas créée, mais dont ils prétendent profiter, et qu'ils contribuent à perpétuer. Ici encore ce n'est pas, ce me semble, de sermons sur la chasteté qu'on pourra espérer une action réelle, mais d'une connaissance plus attentive des réalités sociales, appuyée des indications que peuvent aussi fournir l'hygiène et la psychologie.

Ainsi, c'est surtout du *dehors au dedans et de l'œuvre à l'agent* qu'on procédera, beaucoup plutôt qu'en sens inverse.

Je vois d'ailleurs à cela un autre avantage, c'est de nous dispenser de toute pression sur les consciences, de nous éviter aussi complètement qu'on peut l'espérer tout dogmatisme. Car, dans cette voie, nous avons des problèmes à poser beaucoup plutôt qu'à résoudre, à éclairer les consciences plutôt qu'à les pétrir à notre fantaisie. Ce seront les consciences elles-mêmes qui les résoudront spontanément, et je suis bien convaincu, que, là comme dans la connaissance même, l'unanimité sera d'autant mieux assurée et se produira d'elle-même, d'autant plus complète que la réalité sera plus exactement connue.

Le champ qui s'ouvre à l'application d'une telle méthode est du reste immense. Les quelques indications que j'ai données suffiraient déjà, sans doute, à vous en convaincre. Je puis y ajouter encore quelques exemples. Il y a, d'une manière générale, l'analyse pratique de tous les devoirs que nous imposent les droits mêmes que la société nous garantit, droits civils ou droits politiques. Il y a plus particulièrement tous ceux qui résultent de la richesse. Comte voulait que la propriété fût considérée comme une fonction sociale ; c'est ce que l'on perd constamment de vue aujourd'hui, et l'usage de la richesse, qui ne comporte plus aucune restriction extérieure, n'est même plus subordonné à aucune règle morale. Plus spécialement ici se place la question du luxe, que j'ai essayé d'esquisser ailleurs à ce point de vue. D'autre part, il y a la série si intéressante des devoirs professionnels, qui comportent des observations si précises et si variées, pratiquement si nécessaires. Il y a les questions d'hygiène individuelle et d'hygiène sociale, qui rentrent à tant d'égards dans le domaine de la morale, et qui comportent une analyse vraiment scientifique. Enfin il y a une œuvre plus générale et plus haute, bien urgente à accomplir, qui est celle de la rectification des préjugés de classe tout faits de routine et d'ignorance ; idoles du forum ou idoles de la caverne sociale où l'on est confiné, et dont les jeunes gens sont, à un degré difficile à imaginer, les très naïves victimes ; idoles qu'une connaissance plus objective et plus précise des choses sociales peut seule, mais peut assez aisément faire évanouir.

On voit assez maintenant en quoi peut consister l'œuvre à accomplir. On voit aussi ce qu'on peut répondre à ceux qui nient la possibilité d'un enseignement vraiment positif, et, pour tout dire, scientifique, de la morale. Certes, en tant que la morale propose des fins, elle n'est pas science, mais elle ne le sera jamais non plus. Ce n'est pas la connaissance qui peut poser des fins, c'est le désir et la volonté ; à cet égard, tous les arts sont dans le même cas, et ce n'est pas la physique et la mécanique qui prescrivent la construction d'un chemin de fer, ni la botanique et la chimie qui prescrivent la culture du blé. Mais les fins générales que peut se proposer l'humanité s'imposeront, je crois, d'elles-mêmes en très grande partie comme une conséquence normale de la nature humaine et des conditions où elle est appelée à se développer. Elles n'ont, malgré les tendances souvent assez divergentes des grands initiateurs, jamais beaucoup varié dans la réalité, et l'invention morale de ces initiateurs s'est surtout appliquée à la découverte, à la création de motifs nouveaux, de ressorts moraux mal connus ou mal utilisés avant eux. Cela est évidemment la part de l'inspiration et non de la science. Mais *ce qui s'enseigne, c'est le rapport des moyens aux fins,* c'est l'ensemble des conditions dans lesquelles l'action peut se mouvoir : et à cet égard la morale est une science, ou du moins comporte une forme scientifique comme tout autre art. On enseigne couramment que la morale diffère précisément des autres sciences pratiques en ce que celles-ci sont des sciences de moyens, tandis que la morale aurait à établir, à démontrer des fins. Cela me paraît inadmissible. *La morale aussi est une science de moyens.* Et il est vain d'objecter que cette science n'est pas faite. À ce point de vue aucune science n'est faite, c'est-à-dire qu'aucune science n'est achevée. La morale l'est moins qu'aucune autre, d'abord parce l'idée de la traiter ainsi est une idée récente, et qui rencontre encore des adversaires de parti pris : ensuite parce qu'en effet la moralité pratique se transforme incessamment, que des devoirs nouveaux naissent sans cesse avec des connaissances nouvelles et des conditions de vie sociale nouvelles. Mais une morale scientifique, ce n'est pas une morale figée dans des résultats démontrés et acquis une fois pour toutes ; aucun art d'ailleurs ne serait dans ce cas ; elle est scientifique à la seule condition de s'appuyer sur des connaissances positives, elle peut être scientifique par l'esprit et la méthode, au même titre que peut l'être n'importe quelle pratique. Or, si c'est là comme je le pense le seul sens possible de l'expression « morale scientifique », on ne voit pas où serait l'impossibilité d'une telle morale.

En résumé, faire des conférences spéciales de morale au lycée, voici à mon sens ce que cela signifie :

1° Cela signifie avant tout que la moralité n'est pas chose purement subjective, affaire de bonne conscience et de bonne volonté, question à régler entre l'homme et sa conscience ou entre l'homme et Dieu, mais que la moralité complète exige l'action, et réside dans *les* devoirs plutôt que dans *le* devoir.

2° Cela signifie que, dès lors la connaissance a son rôle capital à côté de la bonne volonté, au moins pour la déterminer, et souvent même pour la susciter ; que les devoirs sont chose plus compliquée qu'on ne pense et que dès lors il est impossible de se contenter d'une moralité toute spontanée, soit de celle qui est en quelque sorte instinctive, soit de celle que l'éducation a formée en nous à titre d'habitude. Sans doute celle-ci est essentielle et en un certain sens il faut, dans la plupart des cas usuels, que nous accomplissions nos devoirs presque sans en délibérer, et comme instinctivement. Mais cela n'est vrai que des directions générales de la conduite et des obligations les plus courantes. A côté de cela, il y a une sphère immense de devoirs dont on accepte le principe, mais dont on méconnaît les applications, et qu'il s'agit d'apprendre à reconnaître et à pratiquer avec discernement.

3° Enfin cela signifie que, dès que nous sommes placés sur un pareil terrain, qui est celui d'une morale que j'appelle positive, on ne pourra avoir à nous reprocher aucun dogmatisme, aucune mainmise sur la conscience de nos élèves, pas plus que nous ne serons exposés à voir peser sur nous une sorte de doctrine officielle. Un tel enseignement serait un enseignement au sens propre du mot, et dans lequel à la rigueur (je m'empresse de déclarer qu'il ne me paraît pas souhaitable qu'il en soit ainsi) notre personnalité pourrait presque entièrement s'effacer et nos conclusions personnelles rester sous-entendues, sans que toute la valeur de notre parole fût pour cela perdue. Dès lors l'Université aurait qualité pour donner un tel enseignement, et n'assumerait pas en cela une tâche incompatible avec son caractère et sa situation.

.·.

Je me suis attaché à bien définir la nature du problème et à bien établir les raisons d'être de la tâche proposée. Il resterait à en déterminer quelques conditions pratiques, mais ici je me contenterai de vous soumettre quelques questions et quelques indications.

1" *A qui des conférences de ce genre seraient-elles adressées?* Il paraît évident que, d'après la nature des sujets, elles s'adresseraient tantôt à un plus grand nombre, tantôt à un moindre, tantôt aux plus âgés seuls, tantôt à de plus jeunes ; mais qu'en tout cas elles ne s'adresseraient d'ordinaire qu'aux élèves des plus hautes classes.

2° *Par qui seraient-elles faites?* D'ordinaire sans doute par des professeurs de tout ordre et non pas seulement par celui de philosophie, et aussi par d'autres fonctionnaires de l'Université dont l'autorité pourrait en favoriser le succès. Mais je crois qu'il serait aussi souhaitable que d'autres personnes vinssent prêter leur concours. C'est souvent l'étranger, nous a-t-on dit, qui apporte l'innovation et la lumière. Par exemple, puisque j'ai parlé des devoirs professionnels, il me semblerait tout indiqué que d'anciens élèves du lycée, industriels, commerçants, médecins, avocats, vinssent en parler, chacun avec sa compétence spéciale.

3° *Dans quelles conditions seraient-elles organisées?* Je crois que la plus grande liberté devrait être laissée sur tous les points. Liberté dans l'initiative des conférenciers, liberté pour ceux-ci dans le choix de leurs sujets, sous la garantie de leur acceptation par le chef d'établissement, liberté aussi pour l'auditoire en ce sens qu'une catégorie déterminée d'élèves étant conviée, l'assistance ne serait obligatoire pour personne. Tout ce qui ferait ressembler ces conférences, soit pour ceux qui les feraient, soit pour ceux qui les entendraient, à une tâche imposée, à l'exécution d'un programme, serait propre à faire manquer le but.

4° Enfin la pratique indiquerait dans quelle mesure elles pourraient être *suivies de questions et de discussions*, comme cela paraît souhaitable, si l'on veut qu'elles obtiennent toute l'efficacité qu'on peut en espérer, en éveillant chez les jeunes gens le souci de chercher eux-mêmes le devoir.

---

## DISCUSSION

M. Brocard. — M. Belot vient d'indiquer sa préférence pour des conférences de caractère pratique, indépendantes de toute métaphysique. J'ai moi-même tenté en 1900 une expérience en ce sens, expérience un peu restreinte encore, mais intéressante.

En se plaçant au point de vue pratique, une des choses les meilleures que l'on puisse faire, c'est de préparer les élèves à l'action. J'ai donc demandé à faire aux élèves des hautes classes une conférence sur ce sujet : *l'assistance par le travail.*

On rencontre là des idées morales intéressantes, sans faire de métaphysique. La charité est un devoir ; mais il y a certaines difficultés à être charitable ; le premier mouvement est de donner à un pauvre, mais on est retenu par la crainte d'encourager la paresse et le vice. En montrant ce qui se fait dans l'assistance par le travail, on donne d'utiles indications sur le moyen d'éviter ce danger, et de faire une charité qu'on n'ait pas à regretter. En même temps qu'on fait connaître des œuvres utiles, on peut insister sur la partie morale de ces œuvres, en montrant par exemple les moyens qu'elles emploient pour que l'assisté n'ait pas l'impression qu'il travaille autrement que le travailleur libre, et pour qu'il se trouve ainsi relevé à ses propres yeux. Ainsi, on peut arriver à la fois à utiliser complètement l'argent consacré à l'assistance, et à relever moralement l'assisté.

Il y a bien d'autres exemples à citer, beaucoup d'œuvres analogues que l'on pourrait faire connaître dans ces conférences ; par exemple, l'œuvre des loyers ouvriers, afin d'assurer le paiement des termes par un prélèvement régulier sur les salaires, etc.

On fait dans les lycées des conférences d'hygiène ; il serait bon de faire aussi de temps en temps des conférences de morale pratique sur des sujets de ce genre. Il n'est pas nécessaire que ce soient des questions liées entre elles et formant un tout ; l'essentiel est de montrer aux élèves comment on étudie ces questions et comment on peut produire des effets utiles avec très peu de chose.

M. Boutmous. — Il y a tant de choses, et si intéressantes, dans la conférence de M. Belot, qu'on peut être excusable de n'avoir pu exactement suivre toutes ses distinctions et définitions. Aussi mes observations ne seront-elles pas des objections, mais une simple demande d'explications. M. Belot a dit, au début de son exposé, qu'il y avait trois façons de comprendre les conférences de morale : les unes excitent le sentiment en encourageant l'auditeur à appliquer des principes qu'il admet d'avance ; d'autres consistent à faire comprendre les raisons des habitudes morales, sans développer les principes. M. Belot me semblait alors indiquer que dans la troisième forme de ces conférences on déterminerait ces principes moraux. Mais est-ce bien là ce qu'il a fait? Et quand, par exemple, il suppose un conférencier qui explique qu'il y a des gens malheureux, qui dévoile tous les genres de misère ignorés de l'enfant, cette simple constatation de faits aura-t-elle nécessairement une action morale? Ne sera-t-elle pas une œuvre de découragement aussi souvent qu'une excitation à l'action? Peut-on ainsi développer l'énergie morale en laissant de côté tout principe, toute question primordiale, pour s'en tenir à une réalité que l'on prend seulement, et que l'on fait connaître, du dehors?

Si l'on poussait à bout le système qui conteste la valeur des incitations générales et des idées, et ne compte que sur les actes, on arriverait à dire que la meilleure des conférences serait de faire participer les élèves eux-mêmes à l'action. Et il y a là sans doute quelque chose d'utile, mais qui ne se fait plus à l'intérieur du lycée, et qui ne rentre plus directement dans la tâche d'un professeur.

Enfin, M. Belot a dit que ces conférences pratiques, sur les devoirs professionnels, par exemple, montreraient bien que l'Université peut donner l'éducation morale. Mais pour ces conférences il a dit aussi qu'il faudrait faire appel à des professionnels, et il le faudrait bien en effet. L'Université ne déclarerait-elle pas ainsi qu'elle ne peut donner l'éducation morale sans le concours de la nation?

M. BELOT. — Dans le choix de ces conférenciers extérieurs, il faut apporter beaucoup de discrétion : il ne s'agit pas de faire entrer le premier venu dans le lycée; ce sont des personnes amies de l'Université, d'anciens élèves du lycée, des gens appartenant en quelque sorte à la maison qui, lorsqu'il sera nécessaire, viendront donner un entretien sur ce qu'ils connaissent plus particulièrement par une pratique personnelle.

M. Boudhors a critiqué aussi ce que j'ai dit de la nécessité de faire porter ces conférences sur des faits positifs, sur des réalités.

Il se demande s'il suffit d'exprimer les choses pour faire naître les sentiments moraux. Assurément non : mais ce que j'ai voulu dire, c'est qu'il ne faut pas exciter le sentiment à vide. Il existe toujours, par exemple, chez l'enfant, un sentiment spontané qui le porte à condamner l'injustice : il s'agit de donner à ce sentiment des occasions objectives de s'appliquer. On ne pourra pas exciter vivement le sentiment charitable, si on ne montre pas quelles misères il y a à secourir. Il y a une foule de faits que nos élèves ignorent, sur lesquels leur attention n'a pas été appelée dans le milieu où ils vivent ; il y a des préjugés de classe qui s'imposent à eux ; il faut leur montrer toute l'étendue des misères sociales. Le premier point d'un enseignement moral, c'est de montrer la société telle qu'elle est.

Quant à la troisième critique de M. Boudhors, elle semble reposer sur une confusion faite à propos du mot *principe*. Par principe moral on peut entendre soit le fondement métaphysique d'un devoir, soit l'expression générale qui résume, dans une même formule, une série de devoirs. Ainsi, fonder la justice sur la dignité de l'homme, sur l'autonomie de la personne humaine, c'est en chercher un principe métaphysique : mais dire : la justice consiste à ne pas s'exploiter les uns les autres, c'est énoncer que je donne ici simplement à titre d'exemple le principe positif et pratique, la formule générale de la justice. On peut laisser de côté, quand il s'agit de morale pratique, les principes au premier sens du mot ; et c'est ce que j'ai entendu dire, mais il est très important au contraire de ramener une certaine catégorie de devoirs à son idée fondamentale.

M. Colomb demande à répondre à M. Boudhors au sujet des conférences à instituer dans les lycées. M. Boudhors a dit que, si ces conférences ne sont pas faites par les professeurs, on ne pourra pas dire que ce soit l'Université qui donne l'éducation morale ; mais c'est donner un sens trop restreint au mot *Université*. L'Université doit se composer de tous les hommes de bonne volonté capables d'élever le niveau moral des élèves : et on n'a pas à se trouver humilié de demander à un avocat de parler des devoirs professionnels de l'avocat.

M. Boudhors proteste qu'il n'a pas voulu dire ce que lui reproche M. Colomb : il est fort heureux que, du dehors, on apporte à nos élèves des notions pratiques et morales utiles : mais il s'agit d'autre chose. Il s'agit de montrer que l'Université, telle que tout le monde l'entend : c'est-à-dire, pour l'instant, le personnel des établissements d'enseignement secondaire choisi et payé par l'État, donne l'éducation morale : or, dans la mesure où elle fait appel à des personnes étrangères, ce n'est plus elle qui la donne.

M. BELOT. — La définition que nous donne M. Boudhors de l'Université est trop étroite, et celle de M. Colomb est trop large. Il est bien certain que n'appartient pas à l'Université quiconque est disposé à faire des conférences dans les lycées ; mais aussi l'Université prend la responsabilité de ce qui se passe chez elle ; quand elle juge que quelqu'un est qualifié pour l'aider dans son œuvre éducatrice, elle s'adresse à lui, mais elle est responsable de ses choix ; et il faut que l'éducation morale qu'elle consacre ainsi soit toujours l'éducation morale qu'elle veut donner, celle qu'elle juge nécessaire, et pour laquelle elle choisit les meilleurs instruments dans chaque cas.

M. Malapert ne voit pas qu'il y ait d'inconvénient à ce que l'Université se fasse aider au besoin dans sa tâche éducatrice, à la condition seulement qu'elle n'abuse pas de ces interventions, qui ne seront vraiment utiles que dans un très petit nombre de cas, et pour compléter l'éducation qu'elle donne elle-même.

C'est sur cette question de mesure qu'il y aurait peut-être lieu d'insister plus encore que ne l'a fait M. Belot dans sa conférence. Dans cette question des conférences de morale en dehors des classes, la question de principe n'est sans doute pas très importante, mais c'est une question de mesure et de proportion à garder.

M. Belot a distingué trois catégories de conférences : l'une de ces catégories ne rentre pas dans l'objet actuel de nos discussions ; c'est la conférence consacrée aux fondements de la morale. Sur ce point il y aurait des objections à faire à ce qu'a dit M. Belot, mais ces conférences-là ne peuvent s'adresser qu'à ceux des élèves qui reçoivent un enseignement de morale théorique, c'est-à-dire aux élèves de philosophie, et ce n'est pas d'eux qu'il s'agissait aujourd'hui.

Restent les deux autres espèces de conférences, qui sont de portée pratique. Mais ici on ne voit pas très nettement, hors de la théorie, la différence essentielle qui sépare les conférences d'excitation morale et les conférences de précision morale. Il est difficile de consacrer toute une conférence à un *sursum corda* fait à vide, et qui ne s'accompagnera pas de quelques faits positifs et de quelques idées précises ; et aucun d'entre nous sans doute ne peut se sentir disposé à tenter un pareil exercice. Mais cela n'empêchera pas de s'attacher à montrer ce qu'il y a de beau dans la charité, en même temps qu'on fera connaître les différentes formes de la charité ou les misères à secourir. Il serait sans doute dangereux de présupposer également développé chez tous, dès le début, le sentiment de la charité, et de lui fournir des moyens de précision, sans s'assurer en même temps le moyen de le faire naître et de le développer.

Ainsi la question de principe n'a peut-être pas grande importance ; tout est ici question de nuance et question d'âge.

Pour des élèves déjà grands, qui ont reçu tout le long des classes l'éducation morale diffuse, peut-être pourra-t-on les supposer munis d'avance de ces notions et arriver à les leur faire préciser par des conférences pratiques. Mais il n'en sera plus ainsi pour de jeunes enfants, pour les élèves des classes de grammaire, par exemple ; pour ceux-là, une foule de ces notions dépasseraient leur portée puisqu'elles supposent des connaissances précises de sociologie ou d'économie politique, qu'ils n'ont pas. Si donc on veut encore faire des conférences à de plus jeunes élèves, il faudra qu'elles aient un caractère parénétique plutôt que positif et précis.

Nous sommes tous d'accord sur ce point, que nous devons donner tous à notre enseignement une tendance moralisatrice. En ce sens, on peut faire quelque chose de plus, en provoquant des conférences tout à fait libres, et où chacun apporterait son tempérament propre. Mais il importe que ces conférences restent libres et qu'elles soient peu nombreuses. Il faut aussi qu'elles commencent assez tard et ne s'adressent qu'aux élèves des classes supérieures.

Au congrès des professeurs, en 1899, quelques-uns avaient paru désirer que ces conférences fussent régulières, suivies, réglementées pour former un tout : il faut constater que personne ici n'a repris cette thèse et qu'il n'y a pas eu à la combattre.

Mais il aurait peut-être été utile de préciser plus que ne l'a fait M. Belot tous les caractères que doivent garder les conférences de morale pour être utiles : c'est ici une question pratique, et la seule chose vraiment importante est la façon discrète ou indiscrète dont on usera de ces conférences. Il ne faut pas oublier que la plupart des idées qu'on y veut mettre trouveront leur place plus naturellement dans les classes elles-mêmes que dans des conférences distinctes, et que celles-ci, suggérées par l'occasion, devront toujours rester assez rares ; que, si on les réglementait, elles ne répondraient plus à leur objet.

M. le Président. — M. Belot paraît être, dans la pratique, d'accord avec ce que vient de dire M. Malapert, et il l'a indiqué à la fin de sa conférence.

Si, du reste, il y a encore un désaccord dans cette dernière séance, il faut s'en féliciter, puisqu'ainsi nous pouvons espérer qu'une autre année d'autres réunions auront lieu, où s'échangeront et s'opposeront des idées avec la même ardeur et la même courtoisie. Et, en terminant cette série de séances, je tiens à remercier tout particulièrement ceux de nos collègues qui ont bien voulu être les auditeurs assidus des exposés qui ont été faits, qui ont constamment apporté, avec leurs objections, leurs idées et leur expérience personnelle, qui ont rendu nos discussions si vivantes et si profitables à chacun de nous.

M. Boudhors se fait l'interprète de tous en remerciant M. le président Croiset de la délicatesse et du tact qu'il a apportés à la direction de ces débats, qui, grâce à lui, ont pu se développer jusqu'au bout dans la plus entière liberté, et sans que les divergences de vues des interlocuteurs aient jamais nui à la parfaite courtoisie de la discussion.

Les applaudissements unanimes de l'assistance accueillent cette déclaration.

# TABLE DES MATIÈRES

CHARTRES. — IMPRIMERIE DURAND, RUE FULBERT.